Vocabulaire italien

DANS LA SÉRIE MÉMO

Conjugaison française, Librio n° 470
Grammaire française, Librio n° 534
Conjugaison anglaise, Librio n° 558
Le calcul, Librio n° 595
Orthographe française, Librio n° 596
Grammaire anglaise, Librio n° 601
Solfège, Librio n° 602
Difficultés du français, Librio n° 642
Vocabulaire anglais courant, Librio n° 643
Conjugaison espagnole, Librio n° 644
Dictées pour progresser, Librio n° 653
Dictionnaire des rimes, Librio n° 671
Le français est un jeu, Librio n° 672
Figures de style, Librio n° 710
Mouvements littéraires, Librio n° 711
Grammaire espagnole, Librio n° 712
Latin pour débutants, Librio n° 713
Formulaire de mathématiques, Librio n° 756
La cuisse de Jupiter, Librio n° 757
Maths pratiques, maths magiques, Librio n° 763
Le dico de la philo, Librio n° 767
La géométrie, Librio n° 771
Le mot juste, Librio n° 772
Chronologie universelle, Librio n° 773
Vocabulaire espagnol, Librio n° 842

Éléonore Mongiat

Vocabulaire italien

Inédit

© E.J.L., 2009

Sommaire

Avant-propos 7
L'alphabet, la prononciation, l'accent tonique, le genre et le nombre 9
Les nombres, les calculs 15
Les mesures, l'argent, la monnaie 20
La consommation 25
L'économie, l'industrie, l'agriculture 28
Le travail, la politique, l'armée 31
L'informatique, l'internet 35
Les télécommunications, les médias 38
Les transports 41
Les vacances, les voyages, les pays 46
La culture 51
Les loisirs 56
Le temps 61
La nature, l'environnement 66
Les animaux 69
Le corps humain 72
La santé 74
La nourriture 77
Les vêtements 81
La maison 83
La ville 86
La famille 88
Les études 90
Les sentiments et l'intelligence 92
La rédaction, la correspondance 94

Avant-propos

Cet ouvrage, accessible et complet, s'adresse à tous ceux, étudiants ou touristes, qui souhaitent enrichir leur vocabulaire italien contemporain.

Vingt-cinq chapitres thématiques permettent de balayer l'essentiel des mots du quotidien, des loisirs aux transports en passant par la culture, la santé, Internet ou la restauration.

Chacun de ces thèmes s'organise en sections, ordonnées pour clarifier les idées et acquérir des automatismes de langue, telles les locutions et les expressions idiomatiques.

Le lecteur y trouvera également une section réservée à la rédaction et à la correspondance, ainsi qu'une présentation essentielle de la prononciation et de l'accentuation italiennes, du genre et du nombre des mots.

L'accent tonique des mots italiens difficiles est distingué par un caractère souligné.
✕ : contraire de

L'alphabet, la prononciation, l'accent tonique, le genre et le nombre

I. L'alphabet

L'alphabet italien comporte 26 lettres, dont 5 (J – K – W – X – Y) ne s'emploient que dans les mots étrangers. Le tableau les fait suivre de leur prononciation :

A [a]	J [i lunga]	S [èssé]
B [bi]	K [kappa]	T [ti]
C [tchi]	L [èllé]	U [ou]
D [di]	M [èmmé]	V [vou]
E [è]	N [ènné]	W [vou doppia]
F [èffé]	O [o]	X [iks]
G [dji]	P [pi]	Y [ipsilon]
H [akka]	Q [ku]	Z [dzèta]
I [i]	R [èrré]	

Les lettres de l'alphabet sont du féminin : la « t ».

II. La prononciation

Il n'y a pas de lettre inutile. Ce qui se prononce bien s'écrit bien !

C'est pourquoi les consonnes doubles se prononcent toujours nettement : bella [bè-lla].

Les nasales françaises « an-on-in-en » n'existant pas, il faut prononcer à part la voyelle, puis la consonne : donna [do-nna].

De même, pour « ill » : brillante [bri-lla-nté].

Et dans les diphtongues, toutes les voyelles se prononcent : gioia [djo-i-a].

La plupart des sons italiens ressemblent au français. Cependant, il convient de remarquer certaines différences :

- « u » se prononce toujours [ou] : qualità [koualita].

- « e » a deux prononciations :
  - [é] fermé (comme « bébé »)
    devant pp, tt, zz (poveretto) ;
    dans les terminaisons en -mento (regolamento), -mente (gentilmente), -evole, -eto, -esa, -ese, -eccio (Francese) ;
    dans les démonstratifs (questo, quello) ;
    dans les monosyllabes (me, te) ;
    à certains temps : passé simple (credei), imparfait de l'indicatif (credevo) et du subjonctif (credessi).
  - [è] ouvert (comme « mère ») dans
    les adjectifs en -ento (violento) ;
    les participes en -ente et les gérondifs en -endo ;
    la diphtongue « ie » (piede) ;
    les suffixes en -enza, -ello et -ella (sorella).

Il n'est jamais muet, même en fin de mot : cane [cané].

- « o » a deux prononciations :
  - [o] fermé (comme « mot ») dans
    les adjectifs en -oso (nervoso) ;
    les mots terminés en -zione (porzione) ;
    presque tous ceux en -ore (colore) ;
    l'augmentatif -one (librone) ;
    les pronoms personnels et adjectifs noi, voi, loro, costoro, coloro ;
    les passés simples en -osi.
  - « o » ouvert (comme « coque ») dans les mots en -olo, -otto, -occio (figliolo) et la diphtongue uo (buono).

- « s » et « z » ont un son dur ou doux :
  - « s » est dur et doux comme en français : sistema [sistèma], riso [rizo] ;
    mais toujours doux [z] devant b, d, g, v, l, m, n, r : smettere [zmé-tté-ré].
  - « z » est dur dans les terminaisons en -ezza, -zione, -izia et après une consonne : violenza, giustizia. Il est doux quand il correspond à un son doux français : organizzare/organiser.

- « r » est très fortement vibré, surtout lorsqu'il est doublé : arrivo [ar-ri-vo].

L'ALPHABET, LA PRONONCIATION, L'ACCENT TONIQUE, LE GENRE ET LE NOMBRE

- « gn » se prononce comme en français : campagna.

- « gli » se prononce en se préparant à produire un « l » et en disant un « i » à la place : tagliatella. Il porte le nom de l mouillé.

- « c » et « g » :
  – comme en français, le son est dur devant les voyelles « a-o-u » et doux devant « e-i ».
  Exemples :
  casa [kaza] – come [komé] – culla [koulla]
  galera [galèra] – gomma [gomma] – gusto [gousto]
  cinema [tchinéma] – cera [tchéra]
  girare [djiraré] – gelso [djèlso]

  – pour obtenir un son doux avec « a-o-u », il faut ajouter un « i » après le « c » et le « g » :
  ciarlare [tcharlaré] – ciotola [tchotola] – ciuccio [tchoutcho]
  giada [djada] – giorno [djorno] – giurare [djouraré]

  – pour obtenir un son dur avec « i-e », il faut ajouter un « h » après le « c » et le « g » :
  chiamare [kiamaré] – chela [kéla]
  ghiotto [guiotto] – ghepardo [guépardo]

  – il en est de même avec « sc », doux ou dur selon la voyelle qui suit :
  scabro [skabro] – scocco [skokko] – schifo [skifo]
  La prononciation avec un « i » ou un « e » est très douce :
  scialo [chalo] – sciopero [chopéro] – sciupare [chouparé]
  – scimmia [chimmia] – scemo [chémo]

son dur [k] [g]			son doux [tch] [dj]		
ca [ka]	co [ko]	cu [kou]	ci [tchi]	ce [tché]	
ga [ga]	go [go]	gu [gou]	gi [dji]	ge [djé]	
chi [ki]	che [ké]		cia [tcha]	cio [tcho]	ciu [tchou]
ghi [gui]	ghe [gué]		gia [dja]	gio [djo]	giu [djou]
sca [ska]	sco [sko]	scu [skou]	scia [cha]	scio [cho]	sciu [chou]
sch [ski]	sch [ské]				

III. L'accent tonique

L'accent tonique est très nettement marqué en italien.

Dans l'écriture, l'accent tonique n'apparaît que lorsqu'il tombe sur la dernière syllabe : citt<u>à</u>. Cet accent peut aussi distinguer certains monosyllabes entre eux : è (il est) et e (et), dà (il donne) et da (de, loin de).

En général, l'accent tonique est sur l'avant-dernière syllabe (parola pi<u>a</u>na) : m<u>e</u>la.

Quelquefois, il tombe sur la troisième ou la quatrième syllabe avant la fin du mot (parola sdr<u>u</u>cciola = mot glissant) : l'<u>a</u>lbero, gi<u>u</u>dicano.

L'usage et le dictionnaire indiqueront la prononciation. Dans ce livre, nous avons souligné la voyelle accentuée chaque fois qu'il pouvait y avoir un doute sur la prononciation.

La place de l'accent est particulièrement importante, elle détermine parfois le sens du mot : pr<u>i</u>ncipi (princes)/princ<u>i</u>pi (principes), p<u>a</u>rlo (je parle)/parl<u>ò</u> (je parlai).

Dans les diphtongues et les triphtongues, l'accent n'a pas de place fixe : pa<u>u</u>ra/<u>a</u>ula, mu<u>o</u>io/p<u>a</u>io.

En revanche, certains suffixes sont toujours sdr<u>u</u>ccioli : -<u>a</u>bile, -<u>i</u>bile, -<u>a</u>ggine, -<u>e</u>vole, -<u>e</u>simo, -<u>i</u>ssimo, -<u>u</u>dine.

Et dans la conjugaison, l'accent occupe des places fixes. Les infinitifs en -are et -ire sont toujours accentués sur le « a » et le « i » : port<u>a</u>re, ven<u>i</u>re. La 1re personne du singulier et la 3e du pluriel portent l'accent toujours sur la même syllabe à tous les temps : int<u>e</u>rrogo/int<u>e</u>rrogano, and<u>a</u>va/and<u>a</u>vano ; et les 1re et 2e personnes du pluriel sur la terminaison : parli<u>a</u>mo/parl<u>a</u>te.

IV. Le genre et le nombre

Généralement, le masculin est en « o » et le féminin en « a » ; le pluriel sera respectivement en « i » et en « e » : il libro, i libri/la rosa, le rose.

Les masculins et les féminins en « e » font leur pluriel en « i » : il padre prudente, i padri prudenti/la madre prudente, le madri prudenti.

Les mots accentués sur la dernière syllabe sont invariables : la città, le citt<u>à</u>.

Certains masculins sont en « a » et leur pluriel en « i » : il po<u>e</u>ma, i po<u>e</u>mi.

Certains masculins collectifs ont deux pluriels, en « i » et en « a » : l'osso/gli ossi (considérés par deux ou trois), le ossa (considérés dans leur ensemble).

Le pluriel des mots qui finissent par -ca et -ga gardent le son dur au pluriel en ajoutant un « h » : il monarca, i monarchi [monarki]/la barca, le barche [barké].

Le pluriel des mots qui finissent par -co, -cu ou -go, -gu sont durs ou doux : l'arco, gli archi [arko, arki]/il medico, i medici [mèdiko, mèditchi].

Les terminaisons non accentuées en -io et en -ia font leur pluriel respectivement en -i et en -e : l'occhio, gli occhi/la spiaggia, le spiagge.

Si la terminaison est accentuée, le « ì » est conservé : il ronzìo, i ronzìi.

V. Dernière remarque

En italien, pour indiquer au lecteur une marche à suivre, l'usage du tutoiement au lieu de l'infinitif est très courant. D'autre part, bien plus qu'en français, les mots récemment introduits de l'anglais sont fréquents et conservés tels quels, avec leur prononciation d'origine.

I numeri, i calcoli
Les nombres, les calculs

I numeri : les nombres

Numeri cardinali Nombres cardinaux	*Numeri ordinali* Nombres ordinaux
zero: zéro	
uno, una : un, une	*primo, a* : premier, ère
due : deux	*secondo,a* : deuxième/second, e
tre : trois	*terzo, a* : troisième
quattro : quatre	*quarto, a* : quatrième
cinque : cinq	*quinto, a* : cinquième
sei : six	*sesto, a* : sixième
sette : sept	*settimo, a* : septième
otto : huit	*ottavo, a* : huitième
nove : neuf	*nono, a* : neuvième
dieci : dix	*decimo, a* : dizième
undici : onze	*undicesimo, a* : onzième
dodici : douze	*dodicesimo,a* : douzième
tredici : treize	*tredicesimo, a* : treizième
quattordici : quatorze	*quattordicesimo,a* : quatorzième
quindici : quinze	*quindicesimo, a* : quinzième
sedici : seize	*sedicesimo, a* : seizième
diciassette : dix-sept	*diciassettesimo, a* : dix-septième
diciotto : dix-huit	*diciottesimo, a* : dix-huitième
diciannove : dix-neuf	*diciannovesimo,a* : dix-neuvième
venti : vingt	*ventesimo, a* : vingtième
ventuno : vingt et un	*ventunesimo, a* : vingt et unième
ventidue : vingt-deux	*ventiduesimo, a* : vingt-deuxième
ventitré : vingt-trois	*ventitreesimo,a* : vingt-troisième
ventiquattro : vingt-quatre	*ventiquattresimo, a* : vingt-quatrième
venticinque : vingt-cinq	*venticinquesimo, a* : vingt-cinquième
ventisei : vingt-six	*ventiseiesimo, a* : vingt-sixième
ventisette : vingt-sept	*ventisettesimo, a* : vingt-septième

I NUMERI, I CALCOLI

ventotto : vingt-huit	*ventottesimo, a* : vingt-huitième
ventinove : vingt-neuf	*ventinovesimo, a* : vingt-neuvième
trenta : trente	*trentesimo, a* : trentième
quaranta : quarante	*quarantesimo, a* : quarantième
cinquanta : cinquante	*cinquantesimo, a* : cinquantième
sessanta : soixante	*sessantesimo, a* : soixantième
settanta : soixante-dix	*settantesimo, a* : soixante-dixième
settantuno : soixante et onze	*settantunesimo, a* : soixante et onzième
ottanta : quatre-vingts	*ottantesimo, a* : quatre-vingtième
novanta : quatre-vingt-dix	*novantesimo, a* : quatre-vingt-dixième
cento : cent	*centesimo, a* : centième
centouno : cent un	*centounesimo, a* : cent unième
centodue : cent deux	*centoduesimo, a* : cent deuxième
centotto : cent huit	*centottesimo, a* : deux centième
duecento : deux cents	*duecentesimo, a* : deux cent unième
trecento : trois cents	*trecentesimo, a* : trois centième
quattrocento : quatre cents	*quattrocentesimo, a* : quatre centième
cinquecento : cinq cents	*cinquecentesimo, a* : cinq centième
seicento : six cents	*seicentesimo, a* : six centième
settecento : sept cents	*settecentesimo, a* : sept centième
ottocento : huit cents	*ottocentesimo, a* : huit centième
novecento : neuf cents	*novecentesimo, a* : neuf centième
mille (pl. mila) : mille	*millesimo, a* : millième
mille e uno : mille un	*milleunesimo, a* : mille et unième
mille e cinquecento : mille cinq cents	*mille e cinquecentesimo, a* : mille cinq centième
duemila : deux mille	*duemilesimo, a* : deux millième
diecimila : dix mille	*diecimilesimo, a* : dix millième
un milione : un million	*milionesimo, a* : millionième
tre milioni : trois millions	*tremilionesimo, a* : trois millionième
un miliardo : un milliard	*miliardesimo, a* : milliardième

la cifra : le chiffre
le cifre romane, arabe : les chiffres romains, arabes
lo zero : le zéro
l'uno : le un
il nove : le neuf

il numero : le nombre, le numéro
il numero intero, decimale : le nombre entier, décimal
il numero pari, dispari (inv.) : le nombre pair, impair

il Duemila : l'an deux mille
il centennio : le centenaire
il millennio : le millénaire
7,5 sette virgola cinque : sept virgule cinq
il numero d'oro : le nombre d'or
A che numero abiti ? – À quel numéro habites-tu ?
un gran numero di clienti : un grand nombre de clients

la grandezza : la grandeur
la quantità : la quantité
l'ordine : l'ordre
la frazione : la fraction
la parte : la partie

la proporzione : la proportion
la percentuale : le pourcentage
una differenza del cinque per cento :
    une différence de cinq pour cent
il mezzo : le demi

uno e mezzo : un et demi
mezza Roma : la moitié de Rome
tutta Roma : tout Rome

la metà : la moitié
il terzo : le tiers
il quarto : le quart
la dozzina : la douzaine
il doppio : le double

il triplo : le triple
il quadruplo : le quadruple
il multiplo : le multiple
il centinaio : la centaine
il migliaio : le millier

venire per primo : venir en premier
il primissimo : le tout premier
ai primi del mese : au début du mois

l'ultimo : le dernier
il penultimo : l'avant-dernier

l'antepenultimo : l'antépénultième
l'ultissimo : le bon dernier

ultimare : mettre au point, finaliser
Napoleone primo : Napoléon Ier
Luigi Quattordicesimo : Louis XIV
Papa Giovanni ventitreesimo : le pape Jean XXIII
il capitolo decimo : le chapitre dix
atto secondo, scena ottava : acte deux, scène huit
la pagina 10 : la page 10

I calcoli : les calculs

calcolare : calculer
il calcolo : le calcul
il calcolo mentale : le calcul mental
la calcolatrice : la calculatrice
il calcolatore : l'ordinateur
il segno : le signe

più o meno : plus ou moins
uguale : égal
ordinare : ordonner, classer
semplificare : simplifier
contare : compter
il conto : le compte

contare da 5 a 20 : compter de 5 à 20
a uno a uno : un à un
due a due : deux à deux

I NUMERI, I CALCOLI

a cento a cento : par centaines
Il conto è esatto >< *sbagliato*. – Le compte est exact >< faux.
I conti non tornano. – Les comptes ne tombent pas juste.

l'addizione : l'addition
la somma : la somme

aggiungere : ajouter
aumentare : augmenter

4 + 2 = 6 quattro più due fa sei. – Quatre et deux font six.
Scrivo 2, riporto 3. – J'écris 2 et je retiens 3.

la sottrazione : la soustraction
la differenza : la différence

togliere da : retrancher de
diminuire : diminuer

20 – 8 = 12 venti meno otto fa dodici. – Vingt moins huit font douze.

la moltiplicazione : la multiplication
raddoppiare : doubler

la tavola di moltiplicazione : la table de multiplication

moltiplicare un numero per se stesso : multiplier un nombre par lui-même
moltiplicare due per tre : multiplier deux par trois
1 x 1 = 1 uno per uno fa uno. – Une fois un fait un.
Quanto fa 2 via 3 ? – Combien font 2 fois 3 ?
2 x 3 = 6 due via tre fanno sei. – Deux fois trois font six.

la divisione : la division
dividere per : diviser par
divisibile >< *indivisibile* : divisible >< indivisible

il quoziente : le quotient
il resto : le reste
il totale : le total

12 / 3 = 4 dodici diviso per tre fa quattro. – Douze divisé par trois égale quatre.
Nel 15 quante volte ci sta il 5 ? – En 15 combien de fois 5 ?
Ci sta 3 volte. – Il y va 3 fois.
Qual'è il terzo di 9 ? – Quel est le tiers de 9 ?

il problema : le problème
l'esempio : l'exemple
il quesito : la question posée
la soluzione : la solution
l'errore : l'erreur
sbagliarsi : se tromper
risolvere : résoudre

verificare : vérifier
la verifica : la vérification
controllare : contrôler
il controllo : le contrôle
la prova : la preuve
l'aritmetica : l'arithmétique
l'algebra : l'algèbre

la geometria : la géométrie
l'abaco : l'abaque
il punto : le point
la linea : le trait

tirare una linea : tirer un trait
la regola : la règle
il compasso : le compas

Puoi contare su di lui. – Tu peux compter sur lui.
Patti chiari, amici cari. – Les bons comptes font les bons amis.
a nessun costo : à aucun prix
per conto mio : en ce qui me concerne
trattare alla pari : traiter d'égal à égal

Le misure, il denaro, la moneta
Les mesures, l'argent, la monnaie

Le misure : les mesures

l'unità : l'unité
il sistema metrico : le système métrique
la dimensione : la dimension
la lunghezza : la longueur
la larghezza : la largeur
l'altezza : la hauteur
la profondità : la profondeur
lo spazio : l'espace

il perimetro : le périmètre
il metro : le mètre
il millimetro : le millimètre
il centimetro : le centimètre
il chilometro : le kilomètre
il pollice : le pouce
il piede : le pied
la iarda : le yard

È lungo 2 chilometri. – Il fait 2 kilomètres de long.
Quanto è larga questa tavola ? – Quelle est la largeur de cette table ?
È larga un metro e trenta. – Elle fait un mètre trente de large.
La Torre di Pisa è alta 367 metri. – La tour de Pise fait 367 mètres de haut.
stimare : estimer
misurare : mesurer
prendere le misure : prendre les mesures
abito su misura : costume sur mesure
La misura è colma. – La mesure est comble.
passare i limiti : dépasser les bornes
superar di gran lunga : dépasser de beaucoup

La superficie : la superficie

il metro quadrato : le mètre carré
l'aro : l'are

l'ettaro : l'hectare
la radice quadrata : la racine carrée

Il volume : le volume

il metro cubo : le mètre cube

elevare al cubo : élever au cube
2 al cubo fa 8. – 2 au cube égale 8.

Il cerchio : le cercle

il raggio : le rayon
il diametro : le diamètre
la circonferenza : la circonférence
pi : pi

> *entro un raggio di 10 chilometri* : dans un rayon de 10 kilomètres

Il peso : le poids

il grammo : le gramme
il chilogrammo : le kilogramme
il mezzochilo : le demi-kilo
cinque etti : une livre
l'etto : l'hectogramme
il quintale : le quintal
la tonnellata : la tonne
l'oncia : l'once
la libbra : la livre (poids)
la bilancia : la balance
i piatti della bilancia : les plateaux de la balance
pesare : peser

> *pesare come il piombo* : peser comme du plomb
> *inclinare la bilancia a favore di qualcuno* : faire pencher la balance en faveur de quelqu'un
> *tener due pesi e due misure* : avoir deux poids, deux mesures

La capacità : la capacité

il litro : le litre
due bottiglie di vino : deux bouteilles de vin
riempire : remplir
dosare : doser

La potenza : la puissance

il cavallo vapore : le cheval vapeur
il watt : le watt

Il denaro : l'argent

il denaro, i soldi, i quattrini : l'argent
la cartamoneta : le papier-monnaie
la banconota : le billet de banque
la banconota di piccolo, grosso taglio : petite, grosse coupure
il biglietto da 100 euro : le billet de 100 euros
valido ✕ *falso, contrafatto* : valide ✕ faux, contrefait
fuori corso : qui n'a plus cours
gli spiccioli : la (petite) monnaie
pagare in liquidi : payer en liquide
il denaro per le piccole spese : l'argent de poche
pagare il prezzo : payer le prix
spendere : dépenser
il portafoglio : le portefeuille
il portamonete : le portemonnaie
il salvadanaio : la tirelire

LE MISURE, IL DENARO, LA MONETA

Quanti soldi hai ? – Combien d'argent as-tu ?
Ho solo qualche monetina in tasca. – Je n'ai que quelques pièces dans ma poche.
Quanto costa questo giornale ? – Combien coûte ce journal ?
circa 3 euro : environ 3 euros
Vale quasi un milione. – Cela vaut presque un million.
due carte da mille : deux billets de mille (fam.)
Il tempo è denaro. – Le temps c'est de l'argent.

La banca : la banque

il banchiere : le banquier
la posta : la poste
lo sportello : le guichet
il bancomat : le distributeur automatique

depositare soldi : déposer de l'argent
ritirare soldi : retirer de l'argent

la carta di credito : la carte de crédit
il conto corrente : le compte courant
l'assegno bancario, postale : le chèque bancaire, postal
il libretto degli assegni : le chéquier
il bonifico : le virement
il vaglia (inv.) : le mandat
contrassegno : contre remboursement
la spedizione contro assegno : l'envoi contre remboursement
l'importo : le montant
il credito : le crédit
il debito : le débit, la dette
il pagamento di un debito : le remboursement d'une dette
il saldo a credito, a debito : le solde créditeur, débiteur

un assegno a vuoto : un chèque sans provision
chiedere un prestito : emprunter de l'argent
indebitarsi : s'endetter

La Borsa : la Bourse

il cambio : le change
i corsi del cambio : les cours du change
comprare valuta estera : acheter des devises étrangères
convertire le valute : convertir les devises
il mercato valutario : le marché des changes
il mercato obbligazionario : le marché obligatoire
il mercato mobiliare dei titoli : le marché des titres
il credito fondiario : le crédit foncier
la situazione finanziaria : la situation financière
il finanziere : le financier
l'intermediario finanziario, l'operatore economico : le courtier de change
il capitale : le capital

l'azione al portatore : l'action au porteur

le azioni mobiliari, immobiliari : les actions mobilières, immobilières

Le mie azioni sono in ribasso, in rialzo. – Mes actions sont en baisse, en hausse.

il titolo : le titre
quotato in borsa : coté en bourse
investire : investir
l'investimento : l'investissement
gli interessi : les intérêts
il guadagno : le gain

guadagnare soldi : gagner de l'argent

intascare : empocher
incassare : encaisser
l'utile : le bénéfice
produrre un utile del 5 % : rapporter un bénéfice de 5 %
imposta sugli utili : impôt sur les bénéfices

il risparmio ⋈ *lo spreco* : l'économie (épargne) ⋈ le gaspillage
fare economia : faire des économies
a buon mercato : à bon marché

avere delle perdite in Borsa : subir des pertes à la Bourse
la perdita secca : la perte sèche
perdere nel cambio : perdre au change
La spesa ammonta un miliardo di euro. – La dépense s'élève à un million d'euros.
risparmio di tempo e di denaro : économie de temps et d'argent
Si risparmia 1 euro per ogni pezzo prodotto. – On économise 1 euro par pièce produite.
essere al verde : être fauché (fam.)
ricco sfondato : riche comme Crésus

La moneta : la monnaie

la moneta : la pièce
la faccia : la face
il rovescio : le revers
una moneta d'oro : une pièce d'or
l'oro : l'or (métal)
l'argento : l'argent (métal)
il valore oro : l'étalon or
la zecca : l'hôtel de la monnaie
batter moneta : frapper monnaie
la numismatica : la numismatique

prendere qualcosa per oro colato : prendre quelque chose pour argent comptant
Il platino è più pesante dell'oro. – Le platine est plus lourd que l'or.

Le monete straniere : **les monnaies étrangères**

l'euro (inv.) : l'euro
il franco svizzero : le franc suisse
il dollaro degli Stati Uniti : le dollar des États-Unis
il dollaro australiano, canadese : le dollar australien, canadien
lo yen : le yen
il rublo russo : le rouble russe
la lira sterlina : la livre sterling
la corona norvegese, danese, svedese : la couronne norvégienne, danoise, suédoise
il real brasiliano : le real brésilien
il peso messicano : le peso mexicain
il riyal saudiano : le riyal saoudien
la lira egiziana, turca : la livre égyptienne, turque
il dinaro tunisino : le dinar tunisien
il nuovo shekel israeliano (pl. shekalim) : le nouveau shekel israélien

Il consumo
La consommation

Il consumatore : le consommateur

il cliente : le client
comprare : acheter
pagare : payer
vendere : vendre
spendere soldi : dépenser de l'argent

patteggiare sul prezzo : marchander
barattare : troquer
comprare di seconda mano : acheter d'occasion

andare a far la spesa : aller faire les courses
andare in giro per negozi : faire du lèche-vitrines
comprare da mangiare : acheter à manger
Mi sono comprato un orologio. – Je me suis acheté une montre.
comprare a credito, in contanti, a rate : acheter à crédit, au comptant, à tempérament
ordinare una merce : commander une marchandise
fare una commessa : passer une commande
consegnare a domicilio : livrer à domicile
il buono di consegna : le bon de livraison

Il prezzo : le prix

costare : coûter
caro : cher
a buon mercato, a buon prezzo : à bon marché, à bon compte
piccoli prezzi : petits prix
gratuito : gratuit

la vendita promozionale : une promotion
il prezzo all'ingrosso, al minuto : le prix de gros, de détail
la fattura : la facture
la ricevuta : le reçu

Quanto costa ? – Combien cela coûte-t-il ?
un prodotto di ottima qualità : un produit d'excellente qualité
di qualità scadente : de mauvaise qualité
il miglior rapporto qualità-prezzo : le meilleur rapport qualité-prix
merce di saldo : marchandise en solde

il periodo dei saldi : la période des soldes
sconti eccezionali : rabais exceptionnels
È un affarone ! – C'est une affaire !
Me lo posso permettere. – C'est dans mes prix.
I prezzi salgono alle stelle ! – Les prix grimpent en flèche !
È tutto esaurito. – Tout est épuisé.
il rialzo, il ribasso dei prezzi : la hausse, la baisse des prix
far cadere i prezzi : casser les prix
uno sconto del 10 % su tutti i modelli : une remise de 10 % sur tous les modèles

La rete di distribuzione : le réseau de distribution

la bottega : la boutique
il negozio : le magasin
i grandi magazzini : les grands magasins
la vetrina : la vitrine
il banco : l'étal
il supermercato : le supermarché
il centro commerciale : le centre commercial
il mercato : le marché
il mercato delle pulci : le marché aux Puces

la vendita per corrispondenza : la vente par correspondance
vendere porta a porta : vendre en porte-à-porte
l'assistenza clienti : le service après-vente
il buono di garanzia : le bon de garantie
il commerciante : le commerçant
il grossista : le grossiste
il dettagliante : le détaillant

Le varie botteghe : les différents magasins

il panificio : la boulangerie
la pasticceria : la pâtisserie
il negozio di generi alimentari : le magasin d'alimentation, l'épicerie
la macelleria : la boucherie
la pescheria : la poissonnerie
il negozio di frutta e verdure : le magasin de fruits et légumes
la farmacia : la pharmacie
la libreria : la librairie

il tabaccaio : le bureau de tabac
la gioielleria : la bijouterie
il negozio di ferramenta : la quincaillerie
il salone di parrucchiere : le salon de coiffure
il negozio di confezioni : le magasin de prêt-à-porter
il negozio di biancheria : le magasin de blanc

Che cosa desidera, Signora ? – Que désirez-vous, madame ?
Vorrei uno scialle. – Je voudrais un châle.
Mi accompagni, prego. – Suivez-moi, s'il vous plaît.
Il negozio rimane chiuso per ferie. – Le magasin est fermé pour les congés.
le ore di apertura : les heures d'ouverture
assicurarsi una clientela : fidéliser sa clientèle

I reparti : les rayons

il capo reparto : le chef de rayon
la commessa : la vendeuse
il bancone : le comptoir
il carrello : le chariot
la merce : la marchandise

l'articolo : l'article
il prodotto : le produit
la scatola : la boîte
la latta : la boîte de conserve

mangiare cibo in scatola : manger de la nourriture en conserve

i latticini : les laitages
la data limite di consumo : la date limite de consommation
la linea di prodotti : la gamme de produits

la marca : la marque
il cartellino : l'étiquette
il campione : l'échantillon
l'imballaggio di carta, di cartone : l'emballage en papier, en carton

È per un regalo. – C'est pour offrir.
Può confezionare i regali ? – Pouvez-vous faire un paquet-cadeau ?

La pubblicità : la publicité

l'annuncio pubblicitario : l'annonce publicitaire
il cartellone : l'affiche publicitaire

il volantino : le prospectus
lo spot, lo slogan : le spot, le slogan

la propaganda, il battage pubblicitario : le matraquage publicitaire
il lancio di un prodotto : le lancement d'un produit
il gusto, l'autenticità, la sicurezza alimentare, la tracciabilità, l'innovazione : le goût, l'authenticité, la sécurité alimentaire, la traçabilité, la créativité

La cassa : la caisse

la cassiera : la caissière
incassare : encaisser

il registratore di cassa : la caisse enregistreuse
lo scontrino : le ticket de caisse

Se vuol passare in cassa... – Si vous voulez passer à la caisse...

*L'econom*i*a, l'ind*u*stria, l'agricoltura*
L'économie, l'industrie, l'agriculture

*L'econom*i*a* : l'économie

*il sistema econ*o*mico* : le système économique
*il Mercato europ*e*o* : le Marché européen
*l'econom*i*a di mercato* : l'économie de marché
*la societ*à *dei consumi* : la société de consommation
la moneta u*nica* : la monnaie unique
il capitalismo : le capitalisme
*il libero sc*a*mbio* : le libre-échange
l'offerta e la domanda : l'offre et la demande
*le spese p*u*bbliche* : les dépenses de l'État
*il settore p*u*bblico, privato* : le secteur public, privé
le imprese statali : les entreprises d'État
i sussidi : les subventions
la crisi : la crise
il ristagno : la stagnation
la ripresa : la reprise
la crescita : la croissance
*la prosperit*à : la prospérité
gli investimenti : les investissements

abbassare il tasso di inflazione : diminuer le taux d'inflation
incentivare la creazione d'imprese : stimuler la création d'entreprises
le misure di adeguamento degli stipendi : les mesures de réajustement des salaires
*La situazione econ*o*mica è* p*essima.* – La situation économique est mauvaise.

Il livello di vita : le niveau de vie

il costo della vita : le coût de la vie
il potere d'acquisto : le pouvoir d'achat
*stabilire un bil*a*ncio* : établir un budget
*le imposte sul r*e*ddito* : les impôts sur le revenu
l'aumento delle tasse : l'augmentation des impôts
la frode : la fraude
il paradiso fiscale : le paradis fiscal
la ricchezza >< *la povert*à : la richesse >< la pauvreté
i senza tetto : les sans-abri

L'ÉCONOMIE, L'INDUSTRIE, L'AGRICULTURE

Il commercio : le commerce

i beni di consumo : les biens de consommation
le vendite : les ventes
l'utile ⋊ *la perdita* : le bénéfice ⋊ la perte
il margine di utile : la marge
il profitto : le profit

la bilancia commerciale : la balance commerciale
le esportazioni : les exportations
le importazioni : les importations
le tasse doganali : les droits de douane
il marketing : le marketing

un beneficio dell' 8 % : un bénéfice de 8 %
vendere in perdita : vendre à perte
migliorare la competitività : améliorer la compétitivité
conquistare nuovi mercati : conquérir de nouveaux marchés

L'industria : l'industrie

l'impresa, l'azienda : l'entreprise
l'imprenditore : le chef d'entreprise
l'industriale : l'industriel
l'uomo d'affari : l'homme d'affaires
il dottore commercialista : l'expert-comptable
le PMI (Piccole e Medie Imprese) : les PME

la fabbrica : l'usine
la sede : le siège
la filiale : la filiale
fondere due società : fusionner deux sociétés
la concorrenza : la concurrence
il fatturato : le chiffre d'affaires
la gestione : la gestion

Gli affari sono affari. – Les affaires sont les affaires.
Guadagna 15 euro all'ora. – Il gagne 15 euros de l'heure.
La produzione raggiunge il massimo livello. – La production atteint son plus haut niveau.
firmare il contratto : signer le contrat
creare un'impresa : créer une affaire
Gli affari vanno male. – Les affaires vont mal.
L'ammontare delle spese è di 2 000 euro. – Le montant des dépenses s'élève à 2 000 euros.
fallire : faire faillite
depositare il bilancio : déposer le bilan

L'agricoltura : l'agriculture

la fattoria : la ferme
la stalla : l'étable, l'écurie
il porcile : la porcherie
il contadino : le paysan
il pastore : le berger
il gregge : le troupeau (moutons)

il branco : le troupeau (vaches)
le bestie : les bêtes
il campo : le champ
il prato : le pré
i cereali : les céréales
il grano : le grain, le blé

il riso : le riz
il granturco : le maïs
la vigna : la vigne
l'ulivo : l'olivier

il fertilizzante : l'engrais
l'irrigazione : l'irrigation
la bonifica : l'assèchement

seminare : semer
piantare : planter
coltivare : cultiver
raccogliere : récolter
fare la mietitura : faire la moisson
la mietitrebbiatrice : la moissonneuse-batteuse

l'allevamento : l'élevage
la coltura intensiva, estensiva : la culture extensive, intensive
il rendimento : le rendement

gli eccedenti : les excédents
la riforma agraria : la réforme agraire
l'esodo rurale : l'exode rural

Il lavoro, la politica, l'esercito
Le travail, la politique, l'armée

Il lavoro : le travail

lavorare : travailler
il mestiere : le métier
l'impiego : l'emploi
le competenze : les compétences
il salario : le salaire
lo stipendio : le traitement
il padrone : le patron
il lavoratore : le travailleur
l'impiegato : l'employé
l'operaio : l'ouvrier
l'artigiano : l'artisan

l'offerta, la domanda di lavoro : l'offre, la demande d'emploi
le ore straordinarie : les heures supplémentaires
fare pratica : faire un stage
la formazione : la formation
il sindacato : le syndicat
la manifestazione : la manifestation
lo sciopero : la grève
disoccupato : au chômage
pensionato : retraité

La politica : la politique

il paese : le pays
la patria : la patrie
la nazione : la nation
lo Stato : l'État
lo Stato totalitario : l'État totalitaire
la dettatura : la dictature
lo Stato federale : l'État fédéral
la regione autonoma : la région autonome

la lingua materna : la langue maternelle
l'inno nazionale : l'hymne national
gli abitanti : les habitants
il popolo : le peuple
il governo : le gouvernement
il capo dello Stato : le chef de l'État
le istituzioni : les institutions

La repubblica : la république

la democrazia : la démocratie
il presidente : le président
il ministro : le ministre
il consiglio dei ministri : le conseil des ministres
la Camera : la Chambre des députés

il deputato, l'onorevole : le député
il senato : le sénat
il palazzo Chigi : le palais Chigi (siège du gouvernement)
gl'Interni : l'intérieur
gli Esteri : les Affaires étrangères

IL LAVORO, LA POLITICA, L'ESERCITO

il ministro dell'economia : le ministre de l'économie
il cittadino : le citoyen
i diritti civici : les droits civiques
la vita politica : la vie politique
i repubblicani : les républicains
i democratici : les démocrates
i socialisti : les socialistes
i comunisti : les communistes

i liberali : les libéraux
i fascisti : les fascistes
i nazisti : les nazis
gli anarchici : les anarchistes
la destra : la droite
la sinistra : la gauche
l'estrema destra, sinistra : l'extrême droite, gauche

dirigere : diriger
ordinare : commander
il potere esecutivo : le pouvoir exécutif
il potere legislativo : le pouvoir législatif

la costituzione : la constitution
il decreto : le décret
il progetto di legge : le projet de loi
la rivoluzione : la révolution
il colpo di stato : le coup d'État

promulgare una legge : promulguer une loi
le riforme : les réformes
rovesciare il ministero : renverser le ministère
sciogliere la Camera : dissoudre la Chambre

Le elezioni : les élections

la campagna elettorale : la campagne électorale
il sondaggio : le sondage
il candidato : le candidat
l'elettore : l'électeur
votare : voter

il voto : le vote
la scheda elettorale : le bulletin de vote
la scheda bianca : le vote blanc
lo scrutinio : le scrutin

essere eletto al primo scrutinio, con 60 % dei voti : être élu au premier tour, avec 60 % des voix
a maggioranza di voti : à la majorité
una vittoria schiacciante : une victoire écrasante
i partiti della maggioranza : les partis de la majorité

Il regno : le royaume

il re : le roi
la regina : la reine
i sudditi : les sujets
la dinastia : la dynastie

il monarchico : le monarchiste
l'aristocrazia : l'aristocratie
il palazzo reale : le palais royal

L'esercito : l'armée

il soldato : le soldat
il militare : le militaire
il borghese : le civil
l'ufficiale : l'officier
il generale : le général
il colonnello : le colonel
il sergente : le sergent
l'ammirale : l'amiral
lo stato maggiore : l'état-major
la fanteria : l'infanterie
l'aeronautica militare : l'armée de l'air
la marina militare : la marine militaire
l'esercito di professionisti : l'armée de métier
le truppe : les troupes
la recluta : la recrue
il volontario : le volontaire
il mercenario : le mercenaire
il nemico : l'ennemi
l'alleato : l'allié
la spia : l'espion
il traditore : le traître
il prigioniero : le prisonnier
il profugo : le réfugié
l'ex-combattente : l'ancien combattant

In tempo di pace : en temps de paix

la caserma : la caserne
il servizio militare : le service militaire
le manovre : les manœuvres
fare il militare di carriera : être militaire de carrière
la riserva : la réserve

Presentat'arm ! – Présentez armes !
Pied'arm ! – Reposez armes !
Rompete le righe ! – Rompez les rangs !
È un ordine ! – C'est un ordre !
Signorsì ! – À vos ordres !

La guerra : la guerre

battersi : se battre
fare fuoco : faire feu
il campo di battaglia : le champ de bataille
il fronte : le front
l'imboscata : l'embuscade
il blocco : le blocus
la mitragliatrice : la mitrailleuse
il carro armato : le char d'assaut
la bomba atomica : la bombe atomique
le armi chimiche : les armes chimiques
un crimine di lesa umanità : un crime contre l'humanité
invadere : envahir
distruggere : détruire
vincere : vaincre
conquistare : conquérir
fuggire : fuir
la sconfitta : la défaite
negoziare : négocier

dichiarare la guerra : déclarer la guerre
il bombardiere in picchiata : le bombardier en piqué
dare l'ordine dell'assalto : donner l'ordre de l'assaut
All'attacco ! – À l'attaque !
radere al suolo una città : raser une ville
cessare il combattimento : cesser le combat
firmare un trattato di pace : signer un traité de paix

L'informatica, l'internet
L'informatique, l'internet

Il computer : l'ordinateur

il computer portatile : l'ordinateur portable
il computer tascabile : l'ordinateur de poche
il lettore mp3 (mp3 player) : le lecteur mp3
il lettore video (il video jukebox) : le lecteur vidéo
il mouse : la souris
il tappetino del mouse : le tapis de souris
la tastiera : le clavier

il tasto : la touche
lo schermo : l'écran
lo schermo piatto : l'écran plat
lo schermo a cristalli liquidi : l'écran à cristaux liquides
lo schermo a 21 pollici : l'écran de 21 pouces
tutto schermo : plein écran
la risoluzione : la résolution
il pixel : le pixel
la visualizzazione : l'affichage

premere il tasto : appuyer sur la touche
battere il testo : taper le texte
aggiustare la luminosità e il contrasto : régler la luminosité et le contraste

il case : la tour
la scheda madre : la carte-mère
la chiave USB : la clef USB
l'indirizzatore : le routeur
una stampante a inchiostro : une imprimante jet d'encre
una stampante laser : une imprimante laser
lo scanner : le scanner
la webcam : la webcam
un microfono : un micro

l'altoparlante : le haut-parleur
il fax : le fax
la macchina fotografica digitale : l'appareil photo numérique
il lettore DVD : le lecteur DVD
il cdrom : le cdrom
il DVD : le DVD
incidere un CD, incidere un DVD : graver un CD, graver un DVD
il dischetto : la disquette

La posta elettronica : la messagerie

inviare un mail, una mail : envoyer un message
ricevere via mail : recevoir par courriel
rispondere a un mail, a una mail : répondre à un message
inoltrare un mail, una mail : transférer un message

la firma : la signature
la rubrica : le carnet d'adresses
l'indirizzo elettronico : l'adresse Internet
lo smiley : l'emoticon (smiley)

inviare una foto in allegato : envoyer une photo en pièce jointe

L'internet : l'internet

internet ad alta velocità : Internet haut débit
il browser, il navigatore : le navigateur
il fornitore di accesso : le fournisseur d'accès
collegarsi, scollegarsi : se connecter, se déconnecter
il motore di ricerca : le moteur de recherche
il preferito : le favori

il link : le lien
aiuto : aide
il desktop : le bureau
il wallpaper : le papier peint, le fond d'écran
i miei documenti : mes documents
cliccare : cliquer
stampare : imprimer
il sito : le site
la home page : la page d'accueil

ricercare in rete : rechercher en ligne
navigare in rete : surfer sur la toile

il programma : le logiciel
aggiornare : mettre à jour

scaricare una nuova versione : télécharger une nouvelle version

immagini ad alta risoluzione : images haute résolution
condividere i file, le video : partage de fichiers, de vidéos
scaricare musica : télécharger de la musique
invia a un amico : envoyer à un ami
acquistare online : commander en ligne

aggiungere al carrello : ajouter au panier
riservare online : réservation en ligne
la chat : le tchat
status online, offline, busy, away : état en ligne, hors ligne, occupé, absent
elenco contatti : liste de contacts

Il lavoro sul PC : le travail sur le PC

Les commandes d'ordinateur sont à la deuxième personne de l'impératif, et non à l'infinitif comme en français.

il file : le fichier
la directory : le dossier
apri : ouvrir
chiudi : fermer
seleziona : sélectionner
modifica : modifier
rinomina : renommer
copia : copier
incolla : coller
copia-incolla : copier-coller

salva : enregistrer
cancella : annuler
invia : valider
il font automatico : la police par défaut
la videoscrittura/l'elaborazione testi : le traitement de textes
il tableur : le tableur
la base di dati : la base de données

I problemi : les problèmes

il virus : le virus
anti-virus : anti-virus
il pirata : le pirate
piratar il sistema : pirater le système
formattare il disco fisso/rigido : formater le disque dur
riavviare il PC : redémarrer le PC

spegnere il computer : éteindre l'ordinateur
avviare il computer : allumer l'ordinateur
disinstallare un programma : désinstaller un logiciel
contattare il supporto : contacter le support

Bisogna installare o riinstallare i programmi. – Il faut installer ou réinstaller les logiciels.
Non ho salvato i file ! – Je n'ai pas enregistré les fichiers !
Ho perso tutti i miei dati ! – J'ai perdu toutes mes données !

Le telecomunicazioni, i media
Les télécommunications, les médias

Il tel*e*fono : le téléphone

il telefono fisso : le téléphone fixe
il ricevitore : le combiné
la cornetta : l'écouteur
il telefono cellulare, il telefonino : le téléphone portable, le mobile
*digitare un n*u*mero* : faire un numéro
il prefisso : le préfixe
chiamare qualcuno al telefono : appeler quelqu'un au téléphone
una telefonata : un coup de téléphone
lo squillo : la sonnerie
*risp*o*ndere* : répondre
riattaccare : raccrocher

Pronto ! Chi parla ? – Allô ! Qui est à l'appareil ?
*Sono Mar*i*a.* – C'est Marie.
*Potrebbe passarmi il sign*o*r Rossi ?* – Pourriez-vous me passer M. Rossi ?
*Gli*e*lo passo, attenda un* a*ttimo.* – Je vous le passe, attendez un instant.
È occupato. – Il est occupé.
*Rimanga in l*i*nea per favore.* – Restez en ligne, SVP.
Non c'è. Lo richiamerò. – Il n'est pas là. Je le rappellerai.
*Spiacente, ha sbagliato n*u*mero.* – Je suis désolé, vous vous êtes trompé de numéro.

*la ric*a*rica SMS* : la recharge SMS
*il c*o*dice d'accesso segreto* : le code d'accès secret
*lasciare, inviare, trasm*e*ttere un mess*a*ggio* : laisser, envoyer, transmettre un message
*il segnale ac*u*stico* : le signal sonore
*le segreteria telef*o*nica* : le répondeur téléphonique
il fax : le fax
inviare via fax : envoyer par fax
la cabina : la cabine
la scheda : la carte (de téléphone)
*la guida telef*o*nica, l'elenco* : l'annuaire
*le p*a*gine bianche, gialle* : les pages blanches, jaunes
l'abbonato al telefono : l'abonné du téléphone

La posta : la poste

la lettera : la lettre
la carta da lettere : le papier à lettres
la cartolina : la carte postale
la busta : l'enveloppe
l'indirizzo : l'adresse
il codice postale : le code postal
il francobollo : le timbre
il pacco : le colis
il destinatario : le destinataire
il mittente : l'expéditeur
il telegramma : le télégramme
mandare, ricevere, rispedire : envoyer, recevoir, réexpédier
la lettera raccomandata, assicurata, espresso, (per via) aerea : la lettre recommandée, chargée, exprès, par avion
a giro di posta : par retour du courrier
fa fede il timbro postale : le cachet de la poste fait foi
Qual'è la tariffa per l'Italia ? – Quel est le tarif pour l'Italie ?
A che ora arriva la posta ? – À quelle heure arrive le courrier ?

La stampa : la presse

il giornale : le journal
il quotidiano : le quotidien
la rivista : la revue
l'articolo : l'article
il titolo : le titre
in prima pagina : à la une
l'informazione : l'information
la notizia : la nouvelle
i fatti di cronaca : les faits divers
la recensione : le compte rendu critique
il caporedattore : le rédacteur en chef
il giornalista : le journaliste
l'addetto stampa : l'attaché de presse
il corrispondente permanente : le correspondant permanent
l'inviato speciale : l'envoyé spécial
l'agenzia di stampa : l'agence de presse
la conferenza stampa : la conférence de presse
il giornalaio : le marchand de journaux
una tiratura di centomila copie : un tirage à cent mille exemplaires

un giornaluccio : une feuille de chou
un fattaccio : un crime sensationnel
la stampa scandalistica : la presse à sensations
i giornali femminili : la presse du cœur
un serpente di mare : un canard

La radio : la radio

la lunghezza d'onde : la longueur d'ondes
le onde corte, lunghe, medie : les ondes courtes, longues, moyennes
la radiolina : le transistor
il walkman : le baladeur
la cuffia : le casque
l'ascoltatore : l'auditeur

La televisione : la télévision

la TV (prononcer [ti<u>vou</u>] ou [ti<u>vi</u>]) : la télé
il sat<u>e</u>llite : le satellite
via cavo : par câble

il canale a pagamento : la chaîne à péage
la rete p<u>u</u>bblica : l'accès public

ascoltare la r<u>a</u>dio : écouter la radio

l'antenna : l'antenne
il canale : la chaîne
lo schermo, il v<u>i</u>deo : l'écran
il telecomando : la télécommande
la trasmissione : l'émission

il programma : le programme
il telegiornale : le journal télévisé
il presentatore : le présentateur
il telespettatore : le téléspectateur

guardare la TV : regarder la télé
sul primo canale : sur la première chaîne
la ritrasmissione in diretta : la retransmission en direct

I trasporti
Les transports

andare a piedi, camminare : aller à pied, marcher

il pedone : le piéton

la bicicletta, la bici : la bicyclette, le vélo
il manubrio : le guidon
la sella : la selle
la catena : la chaîne
la moltiplica, l'ingranaggio centrale : les plateaux

il portapacchi : le porte-bagages
la pompa da bicicletta : la pompe à vélo
l'antifurto : l'antivol
il pedale : la pédale
pedalare : pédaler

andare in bicicletta : faire du vélo

la moto : la moto
il casco : le casque
l'intercom : l'intercom
il giubbotto : le blouson
la tuta : la combinaison

i guanti : les gants
lo zaino : le sac à dos
il camion : le camion
il camioncino, il furgoncino : la camionnette

La macchina : la voiture

il veicolo : le véhicule
la fuoristrada : la voiture tout-terrain
la carrozzeria : la carrosserie
gli abbaglianti : les feux de route
gli anabbaglianti : les feux de croisement
le luci di sosta, di posizione : les feux de position
accendere i fanali : allumer ses phares
il fanalino di coda : le feu arrière
il lampeggiatore : le feu clignotant

i lampeggiatori di emergenza : les feux de détresse
il parabrezza : le pare-brise
il tergicristallo : l'essuie-glace
il bagagliaio : le coffre
il cofano : le capot
l'ala : l'aile
il paraurti : le pare-chocs
la targa automobilistica : la plaque d'immatriculation
la cintura di sicurezza : la ceinture de sécurité

il sedile : le siège
il retrovisore : le rétroviseur

le chiavi : les clés
il clacson : le klaxon

Guidare : conduire

andare in macchina : voyager en voiture
innestare, disinnestare : embrayer, débrayer
premere l'acceleratore : appuyer sur l'accélérateur
accelerare : accélérer

schiacciare il pedale : appuyer sur la pédale
sorpassare : doubler
girare il volante a destra, a sinistra : tourner le volant à droite, à gauche
frenare : freiner
rallentare : ralentir

mettere il contatto : mettre le contact
mettere in moto la macchina : mettre en route la voiture
fermarsi sulla banchina : s'arrêter sur le bas-côté
ingranare la retromarcia : passer la marche arrière

Il traffico : la circulation

la strada : la route
l'autostrada : l'autoroute
l'area di servizio : l'aire de service

il pedaggio : le péage
la corsia : la voie
la carreggiata : la chaussée

Attenzione, fondo sdrucciolevole ! – Attention, chaussée glissante !

la curva : le virage
il marciapiede : le trottoir
l'attraversamento pedonale : le passage piéton
il parcheggio, l'autorimessa : le parking

il cartello stradale : le panneau indicateur, de signalisation
il senso unico : un sens unique
il divieto di sosta : stationnement interdit
il semaforo : le feu tricolore

bruciare il semaforo : brûler le feu rouge
passare al verde, al rosso, al giallo : passer au vert, au rouge, à l'orange
l'eccesso di velocità : l'excès de vitesse

l'ingorgo : le bouchon
le ore di punta : les heures de pointe

la polizia stradale : la police de la route
il codice stradale : le code de la route

Il garage : le garage

la stazione di servizio : la station-service

la benzina : l'essence
il serbatoio : le réservoir

fare benzina : prendre de l'essence
fare il pieno : faire le plein
essere a secco, rimanere senza benzina : être en panne d'essence
cambiare l'olio : vidanger l'huile
fare il tagliando : faire la révision

il meccanico : le garagiste
il pezzo di ricambio : la pièce de rechange
la riparazione dei guasti : la réparation des pannes
la cassetta degli attrezzi : la caisse à outils
l'avviatore : le démarreur
l'acceleratore : l'accélérateur
la frizione : l'embrayage
il pedale di frizione : la pédale d'embrayage
la leva del cambio : le levier de vitesse

la prima, seconda, terza, quarta, quinta marcia : la première, seconde, troisième, quatrième, cinquième vitesse
la retromarcia : la marche arrière
la batteria : la batterie
la ruota : la roue
la gomma : le pneu
cambiare la gomma : changer de pneu
i freni : les freins
il tubo di scappamento : le tuyau d'échappement

C'è un guasto al motore. – J'ai une panne de moteur.
La frizione non funziona. – L'embrayage ne marche pas.
Le marce non entrano. – Les vitesses ne passent pas.
L'acceleratore si è inceppato. – L'accélérateur s'est bloqué.
La gomma è bassa, è bucata. – Le pneu est dégonflé, il est crevé.
sollevare la macchina con il cric : mettre une voiture sur cric

I trasporti pubblici : les transports publics

il tassì : le taxi
il tassista : le chauffeur
la corsa : la course
la tariffa : le tarif
il costo fisso è di euro 70 : la prise en charge est de 70 euros
la metropolitana : le métro
il tram : le tramway
l'autobus, il bus : le bus
la corriera, il pullman : l'autocar
l'autista : le conducteur
la fermata : l'arrêt

aspettare l'autobus : attendre le bus
salire in pullman : monter dans l'autocar
scendere dal pullman : descendre de l'autocar
un bus circa ogni 20 minuti : un bus environ toutes les 20 minutes
La linea 3 va fino alla stazione centrale. – La ligne 3 va jusqu'à la gare centrale.

I TRASPORTI

La ferrovia : le chemin de fer

il treno : le train
il vagone : le wagon
lo scompartimento : le compartiment
il posto : la place
la prima, la seconda classe : la première, la deuxième classe
la cuccetta : la couchette
il finestrino : la fenêtre

il freno d'emergenza : le signal d'alarme
la carrozza ristorante : le wagon-restaurant
la carrozza bar : la voiture-bar
l'accelerato : l'omnibus
il diretto : le train direct

È pericoloso sporgersi. – Ne vous penchez pas au-dehors.

la stazione : la gare
la stazione di testa : le terminus
l'uscita : la sortie
la sala d'aspetto : la salle d'attente
l'ufficio informazioni : le bureau de renseignements
la biglietteria : le guichet
il biglietto : le billet, le ticket

la prenotazione : la réservation
l'andata e ritorno : l'aller-retour
la coincidenza : la correspondance
l'orario : l'horaire
la partenza : le départ
l'arrivo : l'arrivée
il binario : le quai

A che ora parte il treno per Roma ? – À quelle heure part le train pour Rome ?
È arrivato il treno da Bologna delle 7 e 13 ? – Le train de 7 h 13 en provenance de Bologne est-il arrivé ?
Il treno proveniente da Milano è in arrivo al binario numero 8. – Le train en provenance de Milan entre en gare sur le quai numéro 8.
Quanto tempo dura il viaggio ? – Combien de temps dure le voyage ?
Siamo giunti in orario, in anticipo. – Nous sommes arrivés à l'heure, en avance.
Abbiamo perso il treno ! – Nous avons raté le train !

i bagagli : les bagages
la valigia : la valise
la borsa : le sac
il deposito : la consigne

il deposito automatico : la consigne automatique
il controllore : le contrôleur

L'aereo : l'avion

l'aeroporto : l'aéroport
la torre di controllo : la tour de contrôle
l'apparecchio : l'appareil

la stiva : la soute
il pilota : le pilote
l'hostess, l'assistente di volo : l'hôtesse de l'air

il vassoio a scompartimenti : le plateau-repas
la cabina pressurizzata : la cabine pressurisée
prendere l'aereo : prendre l'avion

la dogana : la douane
la carta d'imbarco : la carte d'embarquement
l'overbooking : le surbooking

procedere al check-in dei bagagli : enregistrer ses bagages
Siamo arrivati in ritardo all'imbarco. – Nous sommes arrivés en retard à l'embarquement.

decollare, atterrare : décoller, atterrir
il volo : le vol
il volo supersonico : le vol supersonique

il muro del suono : le mur du son
prender quota : prendre de la hauteur

La nave : le bateau

la barca a vela : le bateau à voile
il battello da pesca : le bateau de pêche
l'imbarcazione da diporto : le bateau de plaisance
la nave da crociera : le bateau de croisière
la motonave : le navire à moteur
il piroscafo : le paquebot
il ponte : le pont
la cabina : la cabine
lo scafo : la coque
il nodo : le nœud
la bandiera : le pavillon
il comandante : le commandant
il cameriere : le steward

la lancia di salvataggio : le canot de sauvetage
il salvagente : la bouée de sauvetage
la crociera : la croisière
la traversata : la traversée
lo scalo : l'escale
approdare : accoster
il mal di mare : le mal de mer
la bonaccia : le calme plat
il porto : le port
la stazione marittima : la gare maritime
la banchina : le quai
il faro : le phare
il molo : la jetée

La nave approda alla banchina. – Le bateau accoste le quai.
imbarcare, sbarcare i passeggeri : embarquer, débarquer les passagers
Dove si trova l'imbarcadero per andare a Venezia ? – Où se trouve l'embarcadère pour aller à Venise ?

Le vacanze, i viaggi, i paesi
Les vacances, les voyages, les pays

Le vacanze : les vacances

le vacanze estive : les grandes vacances
le vacanze pagate : les congés payés
le vacanze di Natale, di Pasqua : les vacances de Noël, de Pâques
la settimana bianca : les vacances de neige
la vacanza bianca : la classe de neige
il treno delle nevi : le train des neiges
il fine settimana : le week-end
fare il ponte : faire le pont
la vacanza-studio : le voyage d'études
i compiti di vacanza : les devoirs de vacances

Voglio riposarmi ! – Je veux me reposer !
Ho bisogno di un pò di vacanza. – J'ai besoin de vacances.
Buon viaggio ! – Bon voyage !
passare le vacanze al mare, in montagna : passer ses vacances à la mer, à la montagne
trascorrere un'indimenticabile vacanza a San Remo : passer des vacances inoubliables à San Remo
fare del turismo in Toscana : faire du tourisme en Toscane

Il viaggio : le voyage

l'ufficio del turismo : l'Office du tourisme
l'agenzia di viaggio : l'agence de voyage
l'operatore turistico : le tour-opérateur
un viaggio organizzato : un voyage organisé
viaggiare all'estero : voyager à l'étranger
il viaggiatore : le voyageur
il turista : le touriste
gli occhiali da sole : les lunettes de soleil
il cappello di paglia : le chapeau de paille
i sandali : les sandales
la maglietta : le tee-shirt
il ricordo : le souvenir
la cartolina : la carte postale
la macchina fotografica : l'appareil photo

LES VACANCES, LES VOYAGES, LES PAYS

Può dirmi dov'è la chiesa, per cortesia ? – Pouvez-vous me dire où est l'église, SVP ?
È lontano ? – C'est loin ?
È lontano circa un chilometro. – C'est à une distance d'environ un kilomètre.
Quanto tempo ci vuole a piedi per andare fino in piazza ? – Combien de temps faut-il pour aller jusqu'à la place à pied ?
Non capisco. – Je ne comprends pas.

il soggiorno : le séjour
il percorso : le trajet
l'itinerario : l'itinéraire
la gita : l'excursion
la visita : la visite
il depliant (prononcer [dépli-ann]) : la brochure

la pianta : le plan
la cartina : le plan détaillé
la guida : le guide (le livre, la personne)
l'interprete : l'interprète
visitare il museo : visiter le musée

noleggiare una macchina : louer une voiture
affittare una casa : louer une maison
affittasi appartamento : appartement à louer

I documenti : les papiers

la patente : le permis de conduire
il libretto di circolazione : la carte grise
il bollo di circolazione : la vignette
l'assicurazione : l'assurance
la carta d'identità : la carte d'identité
il passaporto : le passeport

il visto : le visa
valido, scaduto : en cours de validité, périmé
la verifica dei passaporti : le contrôle des passeports
la dogana : la douane
passare il confine : passer la frontière

Favorisca i documenti, prego. – Montrez-moi vos papiers, s'il vous plaît.
I documenti sono in regola. – Les papiers sont en règle.

L'albergo : l'hôtel

il receptionist : le réceptionniste
il portiere : le portier

la cameriera : la femme de chambre
la chiave : la clé

È possibile prenotare on line dal primo al dieci di agosto ? – Peut-on réserver en ligne du 1er au 10 août ?
cancellare la prenotazione : annuler la réservation
Tutto è esaurito. – Tout est complet.
Quanto costano tre notti tutto compreso ? – Combien coûtent trois nuits tout compris ?

LE VACANZE, I VIAGGI, I PAESI

> *La colazione è compresa.* – Le petit déjeuner est compris.
> *La colazione viene servita in camera ?* – Vous servez le petit déjeuner dans la chambre ?
> *Qual'è il prezzo per la pensione completa ?* – Quel est le prix de la pension complète ?

la mezza pensione : la demi-pension
compilare il modulo : remplir le formulaire
la camera singola, doppia : la chambre pour une personne, deux personnes
camera con letto matrimoniale, a letti separati : chambre avec un grand lit, avec deux lits séparés

con bagno o con doccia : avec salle de bains ou avec douche
l'aria condizionata : la climatisation
frigobar, TV, telefono in camera : bar, TV, téléphone dans la chambre
collegamento wi-fi : connexion wi-fi

> *accesso disabili* : accès handicapés
> *Vorrei una camera che dà sul mare.* – Je voudrais une chambre qui donne sur la mer.
> *È calmo ?* – C'est calme ?
> *La camera è molto comoda.* – La chambre est très confortable.
> *Sono ammessi i cani.* – Les chiens sont admis.
> *A che ora dobbiamo lasciare la camera ?* – À quelle heure devons-nous quitter la chambre ?

la locanda : l'auberge, le petit hôtel

l'ostello della gioventù : l'auberge de jeunesse

Il campeggio : le camping

il campeggiatore : le campeur
la roulotte, il caravan : la caravane
il camper : le camping-car
la tenda : la tente

il sacco a pelo : le sac de couchage
il fornello da campeggio : le camping-gaz

> *montare una tenda* : monter une tente
> *passare una settimana in tenda* : passer une semaine sous la tente

il bungalow : le bungalow
gli occhiali da sole : les lunettes de soleil
il tavolo pieghevole : la table pliante

il contratto stagionale : le contrat saisonnier
le attrezzature sportive : les équipements sportifs

Il ristorante : le restaurant

un locale elegante : un établissement élégant
la trattoria : le petit restaurant
l'orario d'apertura, dalle 7 alle 24 : l'horaire d'ouverture, de 7 à 24 heures

prenotare il pasto, un tavolo : réserver une table
la sala da pranzo, la mensa : la salle à manger
mangiare alla tavola comune : manger à la table d'hôte
il capocameriere : le maître d'hôtel
il pasto : le repas
il pranzo : le déjeuner
la cena : le dîner
la cantina : la cave
la cucina tipica, creativa : la cuisine typique, créative

riposo il venerdì : fermé le vendredi
il parcheggio interno : le parking privé

le specialità locali, regionali : les spécialités locales, régionales
il menù : le menu
l'antipasto : les hors-d'œuvre
il primo piatto : l'entrée
il secondo piatto : le plat
il dessert, il dolce : le dessert
il vino : le vin
l'acqua : l'eau
ordinare : commander
il conto : la note
la mancia : le pourboire

mettersi a tavola, alzarsi da tavola : se mettre à table, se lever de table
Che cos'è l'ossobuco ? – Qu'est-ce que c'est, l'ossobuco ?
Che cosa desiderate ? – Que voulez-vous prendre ?
Gradirete un digestivo dopo pranzo ? – Vous prendrez un digestif après le déjeuner ?

LE VACANZE, I VIAGGI, I PAESI

I paesi : les pays	*Le nazionalità* : les nationalités
Europa : Europe	*un europeo* : un Européen
Austria : Autriche	*un austriaco* : un Autrichien
Francia : France	*un francese* : un Français
Grecia : Grèce	*un greco* : un Grec
Irlanda : Irlande	*un irlandese* : un Irlandais
Italia : Italie	*un italiano* : un Italien
Portogallo : Portugal	*un portoghese* : un Portugais
Russia : Russie	*un russo* : un Russe
Spagna : Espagne	*uno spagnolo* : un Espagnol
Svizzera : Suisse	*uno svizzero* : un Suisse
Turchia : Turquie	*un turco* : un Turc
Africa : **Afrique**	*un africano* : **un Africain**
Egitto : Égypte	*un egiziano* : un Égyptien
Marocco : Maroc	*un marocchino* : un Marocain
Tunisia : Tunisie	*un tunisino* : un Tunisien
Asia : **Asie**	*un asiatico* : **un Asiatique**
Cina : Chine	*un cinese* : un Chinois
Giappone : Japon	*un giapponese* : un Japonais
India : Inde	*un indiano* : un Indien
Indonesia : Indonésie	*un indonesiano* : un Indonésien
Israele : Israël	*un israeliano* : un Israélien
Maldive : Maldives	*un maldiviano* : un Maldivien
Tailanda : Thaïlande	*un tailandese* : un Thaïlandais
America settentrionale : **Amérique du Nord**	*un americano* : un Américain
Canada : Canada	*un canadese* : un Canadien
Messico : Mexique	*un messicano* : un Mexicain
Stati Uniti d'America : États-Unis d'Amérique	*un statunitense* : un habitant des États-Unis
America centrale : **Amérique centrale**	
Antille : Antilles	*un antillano* : un Antillais
Bahama : Bahamas	*un bahamiano* : un Bahamien
Bermuda : Bermudes	*un bermudiano* : un Bermudien
Guadalupa : Guadeloupe	*un guadalupense* : un Guadeloupéen
Martinica : Martinique	*un martinichese* : un Martiniquais
America meridionale : **Amérique du Sud**	
Argentina : Argentine	*un argentino* : un Argentin
Brasile : Brésil	*un brasiliano* : un Brésilien
Oceania : **Océanie**	
Australia : Australie	*un australiano* : un Australien
Nuova Caledonia : Nouvelle-Calédonie	*un neo-caledoniano* : un Néo-Calédonien
Tahiti : Tahiti	*un tahitiano* : un Tahitien

La cultura
La culture

La letteratura : la littérature

lo scrittore, la scrittrice : l'écrivain
l'autore : l'auteur
scrivere : écrire
lo pseudonimo : le pseudonyme
il libro : le livre
il tascabile : le livre de poche
la rilegatura : la reliure
la copertina : la couverture
la pagina : la page
il titolo : le titre
il capitolo : le chapitre
l'illustrazione : l'illustration
il brano : le passage
la parola sdrucciola : le mot accentué sur l'avant-dernière syllabe
la storia : l'histoire
il racconto : le récit

la poesia : la poésie
il poeta : le poète
il poema : le poème
la rima : la rime
il verso : le vers
l'editore : l'éditeur

la fiaba : le conte de fées
la fata : la fée
la novella : la nouvelle
il romanzo : le roman
il giallo : le policier
la fantascienza : la science-fiction
il romanzo a puntate : le roman-feuilleton
il corrente realista : le courant réaliste
l'eroe : le héros
l'eroina : l'héroïne
la biografia : la biographie
l'autobiografia : l'autobiographie
il dizionario : le dictionnaire
l'enciclopedia : l'encyclopédie

la casa editrice : la maison d'édition
lo stampatore : l'imprimeur
il libraio : le libraire
il lettore : le lecteur
la biblioteca : la bibliothèque

---

riscuotere i diritti d'autore : toucher les droits d'auteur
un premio letterario : un prix littéraire
Gli è saltato il ticchio di scrivere versi. – Il lui a pris d'écrire des vers.
scribacchiare : écrivailler
parlare come un libro stampato : parler comme un livre
rispondere per le rime : répondre du tac au tac (vertement)
La sua vita è un romanzo. – Sa vie est un roman.

Le Belle Arti : les beaux-arts

l'arte : l'art
l'artista : l'artiste
il pittore : le peintre
l'opera d'arte : l'œuvre d'art
il disegno : le dessin
il bozzetto : l'esquisse
la matita : le crayon
la tela : la toile
la pittura, il dipinto : la peinture, le tableau
il quadro : le tableau
il pennello : le pinceau
il tubetto di colore : le tube de peinture
la cornice : le cadre
il ritratto : le portrait
il nudo : le nu
la natura morta : la nature morte
la pittura a olio : la peinture à l'huile
l'acquerello : l'aquarelle
l'affresco : la fresque

un dipinto del Tintoretto : un tableau du Tintoret
la pittura astratta : la peinture abstraite

l'incisione : la gravure
la scultura : la sculpture
la statua : la statue
lo scultore : le sculpteur

fondere una statua in bronzo : couler une statue en bronze

l'architettura : l'architecture
la ceramica : la céramique
la terracotta : la terre cuite
il mosaico : la mosaïque
il museo : le musée
l'esposizione : l'exposition
la collezione : la collection
la galleria : la galerie
il mecenate : le mécène

La fotografia : la photographie

la macchina fotografica numerica : l'appareil photo numérique
l'obiettivo : l'objectif
il mirino : le viseur
la memoria : la mémoire
l'immagine ad alta definizione : l'image à haute définition
il formato compresso : le format compressé
la fotografia in bianco e nero, a colori : la photographie en noir et blanc, en couleurs
la pellicola : la pellicule

scattare una foto : prendre une photo
mettere a fuoco : mettre au point
digitalizzare : numériser

La musica : la musique

la musica classica, moderna : la musique classique, moderne
la musica pop, metallo, il jazz, il rap : la musique pop, métal, le jazz, le rap
musica da film : musique de film
una musica di sottofondo : une musique de fond

> *Mettiamo un po' di musica ?* – On met de la musique ?
> *Ballano su una musica rock.* – Ils dansent sur une musique rock.

la musica da camera : la musique de chambre
il quartetto : le quatuor
l'assolo : le solo
il duetto : le duo
la sonata : la sonate
l'opera : l'opéra
la sinfonia : la symphonie

il compositore : le compositeur
comporre : composer
la sala da concerto : la salle de concert
il direttore d'orchestra, il maestro : le chef d'orchestre
il musicista : le musicien

> *dare un concerto* : donner un concert
> *interpretare un brano* : interpréter un passage
> *dirigere un'orchestra* : diriger un orchestre
> *accordare uno strumento* : accorder un instrument

il pubblico : le public
il melomane : le mélomane
ascoltare : écouter
applaudire : applaudir

il solista : le soliste
il virtuoso del violino : le virtuose du violon
il pianista : le pianiste
il cantante, la cantante : le chanteur, la chanteuse

la melodia : la mélodie
la canzone : la chanson
il piano : le piano
il violoncello : le violoncelle
il flauto : la flûte
il clarino : la clarinette
il sassofono : le saxophone
l'oboe : le hautbois
la chitarra : la guitare
la tromba : la trompette
la batteria : la batterie

> *suonare la chitarra* : jouer de la guitare
> *suonare a tempo* : jouer en mesure
> *battere il tempo* : battre la mesure
> *tempo binario* : mesure à deux temps
> *leggere la partizione, il solfeggio* : lire la partition, le solfège

la gamma minore, maggiore : la gamme mineure, majeure
la nota : la note

il diesis : le dièse
il bemolle : le bémol

> *Questo disco ha avuto un successone.* – Ce disque a eu un succès fou.

la discoteca : la discothèque

La danza : la danse

la danza classica, ritmica, folcloristica : la danse classique, rythmique, folklorique
il balletto : le ballet
la ballerina : la danseuse

il tutù : le tutu
le scarpette da ballo : les chaussures de danse
il passo di danza : le pas de danse

Il teatro : le théâtre

un'opera teatrale : une pièce de théâtre
una tragedia : une tragédie
una commedia : une comédie
il personaggio : le personnage
il decoro : le décor
il palcoscenico : la scène
il drammaturga : le dramaturge

il regista : le metteur en scène
l'attore, l'attrice : l'acteur, l'actrice
interpretare una parte : jouer un rôle
rappresentare : représenter
la prova generale : la répétition générale
la prima : la première

> *andare a teatro* : aller au théâtre
> *prendere i biglietti* : prendre les billets
> *le luci della ribalta* : les feux de la rampe
> *Bravo !* (homme) *Brava !* (femme) – Bravo !

Il cinema, il cine : le cinéma, le ciné

il film : le film
muto, sonoro, parlato : muet, sonore, parlant
sottotitolato, doppiato, in versione originale : sous-titré, doublé, en version originale
supercolosso : à grand spectacle
il documentario : le documentaire, le reportage
il cartone animato : le film d'animation, le dessin animé
la pellicola : la pellicule

la sceneggiatura : le scénario
il regista : le metteur en scène
il comparsa : le figurant
la stella : la star
il produttore : le producteur
filmare : filmer
girare un film : tourner un film
le riprese : le tournage
lo schermo : l'écran
lo spettatore : le spectateur
la videocassetta : la cassette vidéo
il DVD : le DVD

presentarsi in scena : se présenter sur le plateau
Questo film sarà programmato, uscirà fra poco. – Ce film sortira prochainement.
Recita molto bene. – Il joue très bien.
Ha riportato grande successo. – Il a remporté un grand succès.
la Biennale di Venezia : la Biennale de Venise
un pessimo film : un navet

I divertimenti
Les loisirs

il tempo libero : le temps libre
il passatempo : le passe-temps
lo spasso : l'amusement

riposarsi : se reposer
fare la siesta : faire la sieste

cambiarsi le idee, svagarsi : se changer les idées, se distraire
Mi annoio. – Je m'ennuie.
annoiarsi a morte : s'ennuyer comme un rat mort
Mi diverto un mondo ! – Je m'amuse comme un fou !

I giochi dei bambini : les jeux d'enfants

il giocattolo : le jouet
la bambola : la poupée
le fiabe : les contes
il disegno da colorare : le coloriage
l'indovinello : la devinette
lo scherzo : la blague
il gioco educativo : le jeu éducatif
il gioco di destrezza : le jeu d'adresse
giocare a moscacieca : jouer à colin-maillard
a campana : à la marelle

la caccia al tesoro : la chasse au trésor
la funicella : la corde à sauter
la palla : la balle
la palla di neve : la boule de neige
il pupazzo di neve : le bonhomme de neige
la corsa : la course
il roller : le roller
lo skateboard : le skateboard

Il video gioco : le jeu vidéo

il banco di comando, la console di gioco : la console de jeu
il banco di comando, la console di gioco di nuova generazione : la console de jeu nouvelle génération

il joystick, la leva di comando : la manette de jeu
i giochi in rete : les jeux en réseau

I giochi di società : les jeux de société

il mazzo di carte : le paquet de cartes
la partita : la partie

la rivincita : la revanche
la bella : la belle

il pegno : le gage

> *avere buon gioco* : avoir du jeu
> *non avere belle carte* : ne pas avoir de jeu
> *Tocca a te giocare !* – C'est à toi de jouer !

gli scacchi : les échecs
giocare a dama : jouer aux dames
il dado : le dé

il biliardo : le billard
il cruciverba : les mots croisés

I giochi d'azzardo : les jeux de hasard

il casinò : le casino
il giocatore : le joueur
il croupier : le croupier
puntare sul rosso : miser sur le rouge
la macchinetta mangiasoldi : la machine à sous

la lotteria : la loterie
l'estrazione della lotteria : le tirage de la loterie
la ruota : la roue
la cartella vincente : le billet gagnant
la vincita : le lot gagné

> *In bocca al lupo !* – Bonne chance !
> *vincere il primo premio* : gagner le gros lot
> *giocare a testa o croce* : jouer à pile ou face
> *avere il vizio del gioco* : avoir le vice du jeu
> *andare alle corse (dei cavalli)* : aller aux courses (de chevaux)
> *scommettere cento euro su un cavallo* : miser cent euros sur un cheval
> *Si accettano scommesse.* – Les paris sont ouverts.
> *riscuotere una scommessa* : toucher un pari

I divertimenti : les amusements

la fiera, il parco dei divertimenti : la fête foraine
il circo : le cirque
il pagliaccio : le clown

la giostra : le manège
lo stand di tiro al bersaglio : le stand de tir

La pesca : la pêche

la pesca con la lenza : la pêche à la ligne
il pescatore : le pêcheur

la rete : le filet
divieto di pesca : pêche interdite

> *abboccare all'amo* : mordre à l'hameçon

La caccia : la chasse

il safari : le safari
la licenza : le permis

il cane da caccia : le chien de chasse

riserva di caccia : chasse gardée

Gli sport : les sports

lo sportivo : le sportif
il riscaldamento : l'échauffement
l'allenamento : l'entraînement
l'allenatore : l'entraîneur
la palasport : le palais des sports
lo sponsor : le sponsor
gli spalti : les gradins
lo spogliatoio : les vestiaires
la tuta sportiva : les vêtements de sports
il concorso : le concours

la prova : l'épreuve
la competizione : la compétition
i giochi olimpici : les Jeux olympiques
la medaglia d'oro, d'argento, di bronzo : la médaille d'or, d'argent, de bronze
la vittoria : la victoire
vincere ⋈ *perdere* : gagner ⋈ perdre
il vincitore ⋈ *il perdente* : le vainqueur ⋈ le perdant

allenarsi sullo stadio, in palestra : s'entraîner sur le stade, au gymnase
salire sul podio : monter sur le podium
il campionissimo : le grand champion
Ci sarà baruffa ! – Il va y avoir du sport !
avere spirito sportivo : se montrer sportif

il calcio : le football
il calciatore : le footballeur
la squadra : l'équipe
il portiere : le gardien de but
l'arbitro : l'arbitre

il campo sportivo : le terrain de sport
il pallone : le ballon
la partita : le match
la finale : la finale
il tiro, il calcio : le tir

Ha segnato un goal ! – Il a marqué un but !

il punteggio : le score
il pareggio : le match nul
il rigore : le penalty
il fuori gioco : le hors-jeu
il cartellino giallo : le carton jaune
il Campionato : le Championnat

il tifoso : le supporter
il totocalcio : le loto foot
il rugby : le rugby
il rugbista : le rugbyman
la mischia : la mêlée

segnare una meta : marquer un essai

il tennis : le tennis
la racchetta : la raquette
il servizio : le service
il drive : le coup droit

il rovescio : le revers
la palla smorzata : l'amortie
la schiacciata : le smash

La palla è andata in rete. – La balle est tombée dans le filet.

il ping-pong : le ping-pong
il tavolo da ping-pong : la table de ping-pong
la palla a volo : le volley

il pallacanestro : le basket-ball
il canestro : le panier
la pelota basca : la pelote basque

l'atletica : l'athlétisme
l'atleta : l'athlète
correre : courir
saltare : sauter
il salto in lungo, in alto, con l'asta : le saut en longueur, en hauteur, à la perche
lanciare il peso, il giavellotto : lancer le poids, le javelot

il podismo : la marche à pied
la ginnastica : la gymnastique
fare lo jogging : faire du jogging
il pugilato : la boxe
tirare di boxe : faire de la boxe
il combattimento : le combat
i guanti imbottiti : les gants rembourrés
il gancio destro : le crochet du droit

il ciclismo : le cyclisme
il Giro : le Tour d'Italie
il Tour di Francia : le Tour de France

la prova a cronometro : l'épreuve contre la montre

battere il record mondiale di velocità : battre le record du monde de vitesse
essere squalificato per drogaggio : être disqualifié pour dopage
il controllo antidoping : le contrôle antidopage

la corsa automobilistica : la course automobile
il circuito automobilistico : le circuit automobile

la macchina da corsa : la voiture de course
il pilota : le pilote

la scherma : l'escrime
il golf : le golf

il canotaggio : faire de l'aviron
il deltaplano : le deltaplane

Gli sport invernali : les sports d'hiver

l'alpinismo : l'alpinisme
un alpinista : un alpiniste
lo sci alpino, di fondo, nordico, acrobatico : le ski alpin, de fond, nordique, artistique
le racchette da sci : les bâtons de ski

sciare : faire du ski
la discesa : la descente
la pista sciabile : la piste skiable
il seggiovia : le télésiège
lo sciovia : le téléski
i doposcì : les après-skis

lo spazzaneve : le chasse-neige
il pattinaggio artistico : le patinage artistique
i patini : les patins
la pista di pattinaggio : la patinoire
la slitta : la luge

mettersi gli sci : chausser ses skis

Il nuoto : la natation

praticare il nuoto : faire de la natation
nuotare : nager
la gara di nuoto : la compétition de natation
il campione di nuoto : le champion de natation

la piscina : la piscine
il bagnino : le maître-nageur
il bagno : la baignade
il tufo : le plongeon
tuffarsi : plonger
il trampolino : le plongeoir
fare immersioni : faire de la plongée

Andiamo a fare il bagno. – Allons nous baigner.

la pesca subacquea : la pêche sous-marine
lo sci nautico : le ski nautique

il pattino a pedali : le pédalo
fare vela : faire de la voile
la tavola da surf : la planche de surf

Il tempo
Le temps

L'*ora* : l'heure

il secondo : la seconde
il minuto : la minute
l'ora : l'heure
il quarto d'ora : le quart d'heure
la mezz'ora : la demi-heure

un'ora e mezza : une heure et demie
l'orologio : la montre, l'horloge
la sveglia : le réveil
regolare : régler

> *L'orologio si è fermato.* – La montre s'est arrêtée.
> *Che ora è ? Che ore sono ?* – Quelle heure est-il ?
> *Sono le 4 e 22.* – Il est 4 h 22.
> *Sono le 10 meno un quarto.* – Il est 10 heures moins le quart.
> *È mezzogiorno.* – Il est midi.
> *È l'una.* – Il est une heure.
> *Venite alle ore 20 precise.* – Venez à 20 heures justes.
> *La Testa Rossa va a 300 all'ora.* – La Testa Rossa fait du 300 à l'heure.

La *settimana* : la semaine

lunedì : lundi
martedì : mardi
mercoledì : mercredi
giovedì : jeudi

venerdì : vendredi
sabato : samedi
domenica : dimanche

I *mesi* : les mois

gennaio : janvier
febbraio : février
marzo : mars
aprile : avril
maggio : mai
giugno : juin

luglio : juillet
agosto : août
settembre : septembre
ottobre : octobre
novembre : novembre
dicembre : décembre

Le stagioni : les saisons

la primavera : le printemps
l'estate : l'été
l'autunno : l'automne
l'inverno : l'hiver

I periodi : les périodes

il trimestre : le trimestre
l'anno : l'année
il decennio : la décennie
il secolo : le siècle
il millennio : le millénaire
l'epoca : l'époque
l'era cristiana : l'ère chrétienne

ante Cristo, a.C. : avant Jésus-Christ, av. J.-C.
dopo Cristo, d.C. : après Jésus-Christ, ap. J.-C.
nel diciottesimo secolo : au dix-huitième siècle
nell'Ottocento : au XIXe s. (et non VIIIe s.) [1]

La data : la date

Che giorno è oggi ? – Quel jour sommes-nous aujourd'hui ?
Siamo martedì 3 aprile. – Nous sommes le mardi 3 avril.
Siamo il 12 agosto 2008. – Nous sommes le 12 août 2008.
Quanti ne abbiamo ? – Nous sommes le combien ?
Ne abbiamo 3. – Nous sommes le 3.
in maggio : en mai

La giornata : la journée

il giorno : le jour
l'alba : l'aube
la mattina, la mattinata : le matin, la matinée
il mezzogiorno : le midi
il pomeriggio : l'après-midi

la sera, la serata : le soir, la soirée
il crepuscolo : le crépuscule
il tramonto : le coucher du soleil
la notte, la nottata : la nuit, toute la nuit
mezzanotte : minuit

I momenti : les moments

oggi : aujourd'hui
ieri : hier
ieri l'altro : avant-hier
ieri sera : hier soir
questa sera : ce soir
la vigilia, la sera prima : la veille
domani : demain
dopodomani : après-demain

domani mattina : demain matin
l'indomani : le lendemain
ora, adesso : maintenant
tutta la giornata : toute la journée
il presente, il passato, l'avvenire : le présent, le passé, l'avenir
quotidiano : quotidien
settimanale : hebdomadaire

---

1. Après le XIIe s., les Italiens préfèrent dire seulement le chiffre des centaines.

mensile : mensuel
tempo fa : il y a quelque temps
ogni tanto : de temps en temps
ogni 3 giorni : tous les 3 jours
fra un' ora : dans une heure
dal lunedì fino al mercoledì : de lundi à mercredi
entro domenica, entro il 20 luglio, entro i 30 giorni : d'ici dimanche, d'ici le 20 juillet, dans les 30 jours (inclus)

prima del 10 >< dopo il 17 : avant le 10 >< après le 17
durante il fine settimana : pendant le week-end
il mese prossimo >< scorso, passato : le mois prochain >< dernier
presto >< tardi : tôt >< tard
in anticipo >< in ritardi : en avance >< en retard
remoto >< futuro : lointain >< futur

Buon giorno ! – Bonjour !
Buona sera ! – Bonsoir ! (dès midi)
Arrivederci ! – Au revoir !
Ciao ! – Bonjour ! Au revoir ! (familier)
È arrivato appena in tempo. – Il est arrivé juste à temps.
Il cine fa passar il tempo. – Le ciné fait passer le temps.
guadagnar tempo : gagner du temps

La meteorologia : la météorologie

il bollettino meteorologico : le bulletin météorologique
le previsioni del tempo : les prévisions météorologiques
il termometro : le thermomètre
il barometro : le baromètre

Sono 5 gradi sotto zero. – Il y a 5 degrés au-dessous de zéro.
Il termometro segna 30 gradi all'ombra. – Le thermomètre marque 30 degrés à l'ombre.

l'aria : l'air
l'atmosfera : l'atmosphère
il clima : le climat
temperato, tropicale, continentale, marittimo : tempéré, tropical, continental, maritime
il calore : la chaleur
il solleone : la canicule
l'afa : la chaleur lourde
la siccità : la sécheresse
il fresco : la fraîcheur
il freddo : le froid
il gelo : le gel

il ghiaccio : la glace
la neve : la neige
il fiocco : le flocon
l'umidità : l'humidité
la rugiada : la rosée
la nebbia : la brume
la nuvola : le nuage
la pioggia : la pluie
piovere : pleuvoir
la goccia : la goutte
l'acquazzone : l'averse
bagnato : mouillé
la grandine : la grêle

il temporale : l'orage
il lampo : l'éclair
il fulmine : la foudre
il tuono : le tonnerre
l'uragano : l'ouragan
il ciclone : le cyclone

il vento : le vent
la tramontana : le vent du nord
lo scirocco : le sirocco (sud-est)
la bora : le vent du nord-est
la bonaccia : le calme plat
il sereno : le beau temps

> *Che tempo fa ?* – Quel temps fait-il ?
> *Fa bel tempo, cattivo tempo.* – Il fait beau, mauvais.
> *Fa un caldo da morire !* – Il fait une chaleur à mourir !
> *Fa un bel frescolino.* – Il fait une bonne petite fraîcheur.
> *Si sta bene !* – Il fait bon !
> *Speriamo che non piova !* – Pourvu qu'il ne pleuve pas !
> *prendere il sole* : prendre un bain de soleil

L'età : l'âge

> *Quanti anni hai ?* – Quel âge as-tu ?
> *Ho dodici anni.* – J'ai douze ans.

il bambino, la bambina : l'enfant
l'infanzia : l'enfance
il ragazzo, la ragazza : le jeune
  garçon, la jeune fille
l'adolescenza : l'adolescence
il giovane : le jeune homme
nascere : naître
crescere : grandir
vivere : vivre

la giovinezza : la jeunesse
l'uomo (pl. gli uomini) : l'homme
la donna : la femme
gli adulti : les adultes
la persona di età : la personne âgée
la vecchiaia : la vieillesse
invecchiare : vieillir
morire : mourir

> *portar bene gli anni* : être bien pour son âge

Le feste : les fêtes

il calendario : le calendrier
l'agenda tascabile, elettronico :
  l'agenda de poche, électronique
il giorno feriale : le jour de semaine
il giorno festivo : le jour férié

il compleanno : l'anniversaire
  (naissance)
l'anniversario : l'anniversaire
  (commémoration)
l'onomastico : la fête (de quelqu'un)
festeggiare : fêter

offrire un bel regalo : offrir un beau cadeau

Natale : Noël
l'albero di Natale : le sapin de Noël
il cenone : le réveillon
le vacanze natalizie : les vacances de Noël

il Capodanno : le jour de l'An
il Carnevale : le Carnaval
Pasqua : Pâques
Ferragosto : le 15 août
Ognissanti : la Toussaint

Buon compleanno ! – Joyeux anniversaire !
Felice anno nuovo ! – Bonne année !
I nostri migliori auguri per l'anno nuovo ! – Tous nos vœux pour la nouvelle année !
Tanti auguri ! – Tous nos souhaits !
State allegri ! – Réjouissez-vous !
fare un brindisi : porter un toast

La natura, l'ambiente
La nature, l'environnement

La terra : la terre
il paesaggio : le paysage
la campagna : la campagne
la pianura : la plaine
l'altipiano : le plateau
il colle : la colline
la valle : la vallée
la montagna : la montagne

la cima : la cime
il picco : le pic
il burrone : le ravin
la grotta : la grotte
la roccia : le rocher
il sasso : le caillou
il deserto : le désert

I cataclismi : les cataclysmes
l'eruzione : l'éruption
il vulcano : le volcan
il terremoto : le tremblement de terre
lo smottamento : le glissement de terrain

l'alluvione : l'inondation
il maremoto : le raz-de-marée
i sinistrati : les sinistrés

Le piante : les plantes
il campo : le champ
il prato : le pré
la savana : la savane
la steppa : la steppe
l'erba : l'herbe
la macchia : le maquis
il fiore : la fleur
il bocciolo : le bouton
il gambo : la tige

il petalo : le pétale
la rosa : la rose
la margherita : la marguerite
il tulipano : la tulipe
il geranio : le géranium
il giacinto : la jacinthe
la pratolina : la pâquerette
il giglio : le lys

un mazzo di fiori : un bouquet de fleurs
Non c'è rosa senza spine. – Il n'y a pas de rose sans épines.

LA NATURE, L'ENVIRONNEMENT

l'albero : l'arbre
il tronco : le tronc
il legno : le bois (matière)
il ramo : la branche
la radice : la racine
la foglia : la feuille
il germoglio : le bourgeon
il bosco : le bois
la foresta : la forêt
la giungla : la jungle

la radura : la clairière
l'abete : le sapin
il faggio : le hêtre
l'ippocastano : le marronnier
la quercia : le chêne
il pino : le pin
il pioppo : le peuplier
il platano : le platane
il salice piangente : le saule pleureur
il tiglio : le tilleul

L'acqua : l'eau

l'acqua dolce : l'eau douce
la sorgente : la source
il torrente : le torrent
la cascata : la cascade
il ruscello : le ruisseau
il fiume : le fleuve
la foca : l'embouchure
la pozza : la mare
lo stagno : l'étang
il lago : le lac
la palude : le marais
l'oasi : l'oasis
l'acqua salata : l'eau salée
il mare : la mer
l'oceano : l'océan
la corrente : le courant
l'alta marea, la bassa marea : la marée haute, la marée basse

l'onda : la vague
il cavallone : la grande vague
la schiuma : l'écume
la costa : la côte
il lido : le rivage
la falesia : la falaise
la baia : la baie
la spiaggia : la plage
la duna : la dune
la sabbia : le sable
il ciottolo : le galet
il golfo : le golfe
il capo : le cap
lo scoglio : l'écueil, le rocher
l'isola : l'île
la penisola : la péninsule
l'arcipelago : l'archipel

il Mediterraneo : la Méditerranée
l'Adriatico : l'Adriatique

il mar Tirreno : la mer Tyrrhénienne

---

fare un buco nell'acqua : donner un coup d'épée dans l'eau
Le acque chete rovinano i ponti. – Il n'est pire eau que l'eau qui dort.
a mille metri sopra il livello del mare : à mille mètres au-dessus du niveau de la mer

LA NATURA, L'AMBIENTE

L'ambiente : l'environnement

inquinare : polluer
l'inquinamento atmosferico, delle acque, acustico : la pollution atmosphérique, des eaux, par le bruit
dannoso per l'ambiente : dangereux pour l'environnement
il disastro ecologico : la catastrophe écologique
la specie in via d'estinzione : l'espèce en voie de disparition
i residui agricoli, industriali : les déchets agricoles, industriels
i prodotti chimici : les produits chimiques
le piogge acide : les pluies acides
le sostanze tossiche, cancerogene : les substances toxiques, cancérigènes
l'amianto : l'amiante
la marea nera : la marée noire
le scorie radioattive : les déchets radioactifs
i gas nocivi : les gaz nocifs
i gas di scarico : les gaz d'échappement
l'effetto serra : l'effet de serre
i buchi dell'ozono : les trous de la couche d'ozone
il riscaldamento del pianeta : le réchauffement de la planète
gli ambientalisti : les écologistes
i Verdi : les Verts
il prodotto ecologico : le produit écologique
biodegradabile : biodégradable
le energie pulite : les énergies propres
l'energia solare : l'énergie solaire
il risparmio energetico : l'économie d'énergie
il trattamento delle acque reflue : le traitement des eaux usées

la difesa dell'ambiente : la protection de l'environnement
lo sviluppo sostenibile : le développement durable
trattare le immondizie : traiter les ordures

Gli animali
Les animaux

Gli animali domestici : les animaux domestiques

il mammifero : le mammifère
addomesticato : apprivoisé
ammaestrare : dresser
il veterinario : le vétérinaire

Il cane : le chien

la cagna : la chienne
il cucciolo : le chiot
il barbone : le caniche
il levriere : le lévrier
il cane da pastore : le chien de berger
il cane da guardia : le chien de garde
le zanne : les crocs
abbaiare : aboyer
mordere : mordre
leccare : lécher

> *A cuccia !* – Couché !
> *un freddo da cane* : un froid de canard
> *trattare come un cane* : traiter comme un chien
> *essere come cane e gatto* : s'entendre comme chien et chat

Il gatto : le chat

il micio : le minet
la coda : la queue
la zampa : la patte
il muso : le museau
i baffi : les moustaches
miagolare : miauler
fare le fusa : ronronner
le unghie : les griffes
graffiare : griffer
il topo : la souris

> *dar la zuppa* : donner la pâtée
> *Far la gattamorta.* – Il y a anguille sous roche.
> *Quando il gatto non c'è, i topi ballano.* – Quand le chat n'est pas là, les souris dansent.

Il bestiame : le bétail

la vacca : la vache
la mucca : la vache laitière
il bue (pl. *i buoi*) : le bœuf
il toro : le taureau

il vitello : le veau
muggire : beugler
il cavallo : le cheval
la cavalla : la jument
il puledro : le poulain
il galoppo : le galop
l'asino : l'âne

nitrire : hennir
la pecora : la brebis, le mouton
il montone : le bélier
l'agnello : l'agneau
la capra : la chèvre
belare : bêler
il porco : le porc

un branco di buoi : un troupeau de bœufs
un gregge di pecore : un troupeau de moutons
badar le pecore : garder les moutons
il capro espiatorio : le bouc émissaire

Gli animali da cortile : les animaux de basse-cour

il gallo : le coq
il pollo : le poulet
la gallina : la poule
il pulcino : le poussin
l'anatra : le canard

l'oca : l'oie
la piuma : la plume
il nido : le nid
l'uovo (pl. le uova) : l'œuf
il coniglio : le lapin

Chicchirichì ! – Cocorico !
il pulcino nero : le vilain petit canard

Gli uccelli selvatici : les oiseaux sauvages

l'aquila : l'aigle
il falco : le faucon
l'avvoltoio : le vautour
gli artigli : les serres
il becco : le bec
il passero : le moineau

il corvo : le corbeau
la rondine : l'hirondelle
la civetta : la chouette
il pappagallo : le perroquet
cinguettare : gazouiller

fare lo struzzo : faire l'autruche

Gli animali selvatici : les animaux sauvages

il leone : le lion
la tigre : le tigre
il leopardo : le léopard
la pantera : la panthère
l'elefante : l'éléphant
il rinoceronte : le rhinocéros
l'ippopotamo : l'hippopotame
la zebra : le zèbre
il coccodrillo : le crocodile

la giraffa : la girafe
la scimmia : le singe
il cammello : le chameau
il dromedario : le dromadaire
il serpente : le serpent
la lucertola : le lézard
la rana : la grenouille
il rospo : le crapaud
la tartaruga : la tortue

la balena : la baleine
il lupo : le loup
la volpe : le renard
l'orso : l'ours
il cervo : le cerf

lo scoiattolo : l'écureuil
il pipistrello : la chauve-souris
ruggire : rugir
strisciare : ramper
urlare : hurler

nutrire una serpe in seno : réchauffer un serpent dans son sein
avere una lingua di serpente : avoir la langue fourchue

I pesci : les poissons

il pescecane : le requin
la sardina : la sardine
il salmone : le saumon
la trotta : la truite

la sogliola : la sole
il pesce rosso : le poisson rouge
la vongola : la palourde
la spina : l'arête

Chi dorme non piglia pesci. – L'avenir appartient à ceux qui se lèvent tôt (« Celui qui dort n'attrape pas de poissons »).

Gl'insetti : les insectes

la mosca : la mouche
la zanzara : le moustique
l'ape : l'abeille
la vespa : la guêpe
il ragno : l'araignée
la ragnatela : la toile d'araignée
la formica : la fourmi
la pulce : la puce

la farfalla : le papillon
il grillo : le grillon
la cicala : la cigale
la cavalletta : la sauterelle
la coccinella : la coccinelle
la puntura : la piqûre
velenoso : venimeux

schiacciare : écraser
nudo bruco : nu comme un ver

Il corpo umano
Le corps humain

Il fisico : le physique

la sagoma : la silhouette
la statura : la taille
la forza : la force
alto >< basso : grand >< petit
il gigante : le géant
il nano : le nain

il fascino : le charme
bello >< brutto : beau >< laid
snello, magro >< grasso : mince, maigre >< gros
l'obesità : l'obésité

Sono ingrassata ! – J'ai grossi !
essere a dieta : être au régime
dimagrire : maigrir
Assomiglia al padre. – Il ressemble à son père.

lo scheletro : le squelette
l'osso : l'os
la carne : la chair
il muscolo : le muscle

il nervo : le nerf
la pelle : la peau
la ruga : la ride

la pelle chiara, bianca, nera, gialla : la peau claire, blanche, noire, jaune
il pellerossa : le Peau-Rouge
la pelle abbronzata : la peau bronzée

Il viso : le visage

la testa : la tête
il cranio : le crâne
i capelli : les cheveux
la fronte : le front
gli occhi : les yeux
il naso : le nez
la bocca : la bouche
le labbra : les lèvres

la lingua : la langue
i denti : les dents
il mento : le menton
i baffi : la moustache
la barba : la barbe
l'espressione : l'expression
il sorriso : le sourire
il riso : le rire

> *la chioma bionda, bruna, castana, rossa* : la chevelure blonde, brune, châtaine, rousse
> *ricciuto* >< *liscio* : frisé >< lisse

Gli arti superiori : les membres supérieurs

il collo : le cou
la schiena : le dos
la colonna vertebrale : la colonne vertébrale
la spalla : l'épaule
il petto : la poitrine
il braccio : le bras

il gomito : le coude
il polso : le pouls
la mano : la main
le dita : les doigts
il pollice : le pouce
le unghie : les ongles

Gli arti inferiori : les membres inférieurs

il bacino : le bassin
il sedere : le postérieur
le natiche : les fesses
il pene : le pénis
la vagina : le vagin
la coscia : la cuisse

la gamba : la jambe
il ginocchio : le genou
la caviglia : la cheville
il piede : le pied
il dito del piede : l'orteil
il calcagno : le talon

Gli organi : les organes

il cervello : le cerveau
il cuore : le cœur
l'arteria : l'artère
la vena : la veine
il sangue : le sang
i polmoni : les poumons

il fegato : le foie
lo stomaco : l'estomac
gli intestini : les intestins
il rene : le rein
la vescica : la vessie
l'utero : l'utérus

I cinque sensi : les cinq sens

la vista : la vue
vedere, guardare : voir, regarder
l'udito : l'ouïe
udire, ascoltare : entendre, écouter
il suono : le son
il tatto : le tact
toccare : toucher

l'odorato : l'odorat
odorare : sentir, respirer
il profumo >< *la puzza* : le parfum >< la puanteur
il gusto, il sapore : le goût, la saveur
gustare : goûter

La salute
La santé

La salute : **la santé**

l'ammalato : le malade
l'infermo : l'infirme

il malessere : le malaise
il dolore : la douleur

> *Mi fa male la testa.* – J'ai mal à la tête.
> *Sto male.* – Je ne me sens pas bien.
> *Sto meglio.* – Je vais mieux.
> *Soffro alle gambe.* – Je souffre des jambes.
> *Mi sento stanco.* – Je me sens fatigué.
> *Mi sono ammalato.* – Je suis tombé malade.

la tosse : la toux
la febbre : la fièvre
il brivido : le frisson
il capogiro : le vertige
lo svenimento : l'évanouissement
la nausea : la nausée
il vomito : le vomissement
il coma : le coma
l'emorragia : l'hémorragie
la ferita : la blessure

la piaga : la plaie
il pus : le pus
la cicatrice : la cicatrice
il livido : le bleu
la scottatura : la brûlure
la bollicina : l'ampoule
l'accesso : l'abcès
il taglio : la coupure
la frattura : la fracture

Le malattie : **les maladies**

l'epidemia : l'épidémie
il microbo : le microbe
il virus : le virus
il contagio : la contagion
il raffreddore : le rhume
l'influenza : la grippe
l'asma : l'asthme
la costipazione : la constipation

l'appendicite : l'appendicite
l'epatite : l'hépatite
il reumatismo : le rhumatisme
l'attacco : l'attaque
l'infarto : l'infarctus
il cancro del polmone : le cancer du poumon
la polmonite : la pneumonie

LA SANTÉ

l'Aids : le sida
sieropositivo : séropositif
una malattia mentale : une maladie mentale
il sordo : le sourd
il muto : le muet

i disturbi circolatori : les troubles de la circulation
pazzo : fou
la follia : la folie
il cieco : l'aveugle

La medicina : la médecine

il medico : le médecin
il dottore : le docteur
il medico di famiglia : le médecin traitant
il generico : le généraliste
il cardiologo : le cardiologue
l'oftalmologo : l'ophtalmologiste
lo psichiatra : le psychiatre
il cinesiterapista : le kinésithérapeute

l'infermiera : l'infirmière
l'ospedale : l'hôpital
il pronto soccorso : le service des urgences
le medicine naturali : les médecines douces
l'omeopatia : l'homéopathie
l'agopuntura : l'acupuncture
la fitoterapia : la phytothérapie

andare dal dentista : aller chez le dentiste
prendere appuntamento col medico : prendre RV avec le médecin
chiamare l'ambulanza : appeler l'ambulance
la consultazione : la consultation
auscultare un paziente : ausculter un patient
tastare il polso : prendre le pouls
prendere la tensione : prendre la tension
la diagnosi : le diagnostic
la prescrizione medica : l'ordonnance
Dovete fare un analisi di sangue. – Vous devez faire une analyse de sang.
lo check-up : le bilan de santé
fare la radiografia : passer une radio

Il farmaco : le médicament

la pillola : la pilule
la compressa : le comprimé
la capsula gelatinosa : la gélule
la supposta : le suppositoire
l'antisettico : l'antiseptique
l'antibiotico : l'antibiotique
l'analgesico : l'analgésique
il calmante : le calmant
il sonnifero : le somnifère

la cassetta di pronto soccorso : la boîte à pansements
il cotone : le coton
l'alcol : l'alcool
il cerotto : le sparadrap
la siringa : la seringue
l'apparecchio uditivo : l'appareil auditif
la stampella : la béquille

andare in farmacia : aller chez le pharmacien
prendere la pillola : prendre la pilule
fare una puntura : faire une piqûre
fare una cura : faire une cure
fare una medicazione : faire un pansement

Il dentista : le dentiste

il dentifricio : le dentifrice
lo spazzolino : la brosse à dents
la caria : la carie

la piombatura : le plombage
la dentiera : le dentier
il trapano : la fraise

lavarsi i denti : se laver les dents
farsi cavare un dente : se faire arracher une dent

Il vitto
La nourriture

Al ristorante : au restaurant

un locale elegante : un établissement élégant
la trattoria : le petit restaurant
orario d'apertura, dalle 7 alle 24 : horaire d'ouverture, de 7 à 24 heures
riposo il venerdì : fermé le vendredi
il pasto, il pranzo : le repas
la prima colazione : le petit déjeuner
la colazione : le déjeuner
la cena : le dîner
il menù : le menu

il parcheggio interno : le parking privé
prenotare il pasto, un tavolo : réserver une table
il capocameriere : le maître d'hôtel
la sala da pranzo : la salle à manger
la cantina : la cave
l'antipasto : les hors-d'œuvre
il primo piatto : l'entrée
il secondo piatto : le plat
il dessert, il dolce : le dessert

A tavola ! : à table !

il piatto : l'assiette
le posate : les couverts
il coltello : le couteau
la forchetta : la fourchette
il cucchiaio : la cuillère
il bicchiere : le verre
la tazza : la tasse

il tovagliolo : la serviette
la tovaglia : la nappe
il pane : le pain
il conto : la note
la mancia : le pourboire
ordinare : commander

---

la cucina casalinga, tipica, creativa : la cuisine familiale, typique, créative
mettersi a tavola, alzarsi da tavola : se mettre à table, se lever de table
Buon appetito ! – Bon appétit !
Cincin ! – À votre santé !
Ho fame, ho sete. – J'ai faim, j'ai soif.
La fame viene mangiando. – La faim vient en mangeant.
carne con contorno : viande garnie

> *le specialità locali, regionali* : les spécialités locales, régionales
> *Che cos'è l'ossobuco ?* – Qu'est-ce que c'est, l'ossobuco ?
> *Che cosa desiderate ?* – Que voulez-vous prendre ?
> *Gradirete un digestivo dopo pranzo ?* – Vous prendrez un digestif après le déjeuner ?

Il cibo : les aliments

cibo genuino, naturale, raffinato : nourriture saine, naturelle, raffinée
biologico, dietetico : biologique, diététique

congelato, sotto vuoto : congelé, sous vide

> *essere vegetariano* : être végétarien

La carne : la viande

il manzo : le bœuf
il vitello : le veau
l'agnello : l'agneau
il maiale : le porc
il pollo : le poulet
la gallina : la poule
l'anatra : le canard
l'oca : l'oie
la tacchina : la dinde
il fagiano : le faisan
il coniglio : le lapin

la bistecca : le bifteck
il filetto : le filet
la costata di manzo : la côte de bœuf
la scaloppa : l'escalope
lo spezzatino : le ragoût
il cosciotto : le gigot
la braciola : la côte de porc
la salsiccia : la saucisse
il prosciutto crudo, cotto : le jambon cru, cuit
il pollo arrosto : le poulet rôti

Le uova : les œufs

l'uovo alla coque, al tegamino, sodo, strapazzato : l'œuf à la coque, au plat, dur, brouillé

la frittata : l'omelette
il tuorlo, la chiara d'uovo : le jaune, le blanc d'œuf

Il pesce : le poisson

la sardina : la sardine
il salmone : le saumon
il tonno : le thon
la trotta : la truite
la sogliola : la sole

il baccalà : la morue (cuisinée)
la vongola : la palourde
il calamaro : le calamar
la seppia : la seiche
il granchio : le crabe

Le verdure : les légumes verts

l'insalata : la salade

il cetriolo : le concombre

il pomodoro : la tomate
la zuppa : la soupe
il brodo : le bouillon
la carota : la carotte
il poro : le poireau

la zucchina : la courgette
il peperone : le poivron
la melanzana : l'aubergine
il cavolo : le chou
il fungo : le champignon

I legumi : les légumes secs

la patata : la pomme de terre
il purè : la purée
le patatine fritte : les frites
i fagioli : les haricots
i piselli : les petits pois

le lenticchie : les lentilles
la pasta : les pâtes
il riso : le riz
la polenta : la polente

I condimenti : les condiments

il sale : le sel
il pepe : le poivre
l'olio : l'huile
l'aceto : le vinaigre
la cipolla : l'oignon

l'aglio : l'ail
il prezzemolo : le persil
le spezie : les épices
la mostarda : la moutarde

Il formaggio : le fromage

il latte : le lait
la crema : la crème
il burro : le beurre
lo yogurt : le yaourt

il caprino : le fromage de chèvre
un cacio fresco, fuso, stagionato : un fromage frais, fondu, affiné

I dessert : les desserts

la frutta : les fruits
la mela : la pomme
la pera : la poire
la pesca : la pêche
l'albicocca : l'abricot
la ciliegia : la cerise
la fragola : la fraise
il lampone : la framboise
la prugna : la prune

il melone : le melon
l'anguria : la pastèque
l'arancia : l'orange
il limone : le citron
la banana : la banane
la noce : la noix
la nocciola : la noisette
la mandorla : l'amande

il dolce : le gâteau, la sucrerie
le paste : la pâtisserie
la torta : la tarte
le frittelle : les beignets

il gelato : la glace
lo zabaione : la crème sabayon
il torrone : le nougat

Le *bibite* : les boissons

bere : boire
brindare : trinquer
la bottiglia : la bouteille

il vino rosso, bianco, rosé : le vin rouge, blanc, rosé
l'aperitivo : l'apéritif
lo spumante : le mousseux
l'acquavite : l'eau de vie
il liquore : la liqueur
la birra : la bière
l'acqua minerale, gassata, non gassata : l'eau minérale, gazeuse, plate
la spremuta d'arancia : le jus d'orange
il cavatappi : le tire-bouchon
il sorso : la gorgée

il succo di frutta : le jus de fruits
il caffè, l'espresso : le café
stretto, lungo, nero, macchiato : serré, léger, noir, avec un nuage de lait
il caffellatte : le café au lait
il cappuccino : le café-crème
il tè : le thé
la cioccolata : le chocolat
la tisana : la tisane

L'abbigliamento
Les vêtements

> *vestirsi* >< *spogliarsi* : s'habiller >< se déshabiller
> *cambiarsi* : se changer
> *portare* : porter

I tessuti : les tissus

il cotone : le coton
la lana : la laine
il velluto : le velours
la seta : la soie
il nailon : le nylon

il cuoio : le cuir
la pelliccia : la fourrure
unito, a quadri, a pallini, rigato :
 uni, à carreaux, à pois, rayé

I vestiti da uomo e da donna : les vêtements pour homme et femme

il cappello : le chapeau
il capotto : le manteau
il giubbotto : le blouson
la sciarpa : l'écharpe
l'impermeabile : l'imperméable
i guanti : les gants
la cintura : la ceinture
i pantaloni : les pantalons
il pullover : le pull-over
la maglietta : le tee-shirt

le scarpe : les chaussures
i sandali : les sandales
gli stivali : les bottes
le pantofole : les pantoufles
la biancheria : le linge de corps
le mutande : la culotte, le caleçon
il pigiama : le pyjama
il costume da bagno : le maillot de
 bain
la tuta sportiva : le survêtement

I vestiti da uomo : les vêtements pour homme

il completo : le complet
il vestito : le costume
l'abito : l'habit
lo smoking : le smoking
la giacca : le veston
la camicia : la chemise

i gemelli : les boutons de manchettes
la cravatta : la cravate
la farfalla : le nœud papillon
il maglione : le pull-over
i calzoncini : le short
i calzini : les chaussettes

L'ABBIGLIAMENTO

I vestiti da donna : les vêtements pour femme

la camicetta : le chemisier
la gonna : la jupe
l'abito, il vestito, la veste : la robe
lo scialle : le châle
il grembiule : le tablier
il reggiseno : le soutien-gorge

il reggicalze : le porte-jarretelles
le calze : les bas, les collants
la sottoveste : la combinaison
la vestaglia : le peignoir
la camicia da notte : la chemise de nuit

Gli accessori : les accessoires

lo specchio : le miroir
la borsetta : le sac à main
il fazzoletto : le mouchoir
il nastro : le ruban
il gioiello : le bijou

l'anello : la bague
la collana : le collier
il braccialetto : le bracelet
gli orecchini : les boucles d'oreilles

Rammendare : raccommoder

cucire : coudre
il filo : le fil
l'ago : l'aiguille
la chiusura a lampo : la fermeture Éclair

il bottone : le bouton
la tasca : la poche
il collo : le col
l'orlo : l'ourlet

Questo tessuto si restringe lavandolo. – Ce tissu rétrécit au lavage.
taglia unica, normale, forte : taille unique, normale, grande taille
Che taglia porta ? – Quelle taille avez-vous ?
Provi questo modello. – Essayez ce modèle.
È di moda quest'autunno. – C'est à la mode cet automne.
È passato di moda. – Ce n'est plus à la mode.
È troppo stretto >< largo per me. – C'est trop serré >< large pour moi.
Mi piacerebbe provare la taglia più grande. – J'aimerais essayer la taille au-dessus.
Le sta benissimo. : Cela vous va très bien.
Sembra proprio adatto per Lei. – On le dirait fait exprès pour vous.

La casa
La maison

L'esterno : l'extérieur

l'inferriata : la grille
il portone automatico : le portail automatique
il citofono : l'interphone
il portone a apertura con telecomando : le portail à ouverture télécommandée
la telecamera : la caméra video

> *premere il pulsante* : appuyer sur le bouton
> *È permesso ? Avanti !* – Je peux entrer ? Entrez !

il cortile : la cour
il garage : le garage
il giardino : le jardin
l'aiuola : le parterre, la plate-bande
la casa : la maison
il palazzo : l'immeuble
la villa : la villa
l'appartamento : l'appartement

> *stare in un appartamento di quattro vani* : habiter un appartement de quatre pièces
> *Vieni a casa mia.* – Viens chez moi.

le fondamenta, i fondamenti : les fondations
il muro, la parete : le mur
la pietra : la pierre
il mattone : la brique
il calcestruzzo : le béton
il legno : le bois
la facciata : la façade
il tetto : le toit
la tegola : la tuile
l'antenna : l'antenne
il camino : la cheminée
il balcone : le balcon
la finestra : la fenêtre
il vetro : la vitre
l'imposto, lo sportello : le volet
la persiana : la persienne
la porta : la porte
lo zerbino : le paillasson
la serratura : la serrure
la chiave : la clef
il campanello : la sonnette

Il proprietario : le propriétaire

la locazione : le bail
l'affitto, il canone : le loyer
le spese : les charges
l'inquilino : le locataire

il proprietario : le propriétaire
il portiere, il portinaio : le concierge
la casalinga : la femme au foyer

L'*interno* : l'intérieur

la cantina : la cave
il pianterreno : le rez-de-chaussée
il primo piano, il secondo piano : le premier étage, le deuxième étage

abitare : habiter
sgomberare : déménager

il solaio : le grenier
lo scalino : la marche
la scala : l'escalier

andare su e giù per le scale : monter et descendre l'escalier

l'ascensore : l'ascenseur
l'ingresso : l'entrée
il corridoio : le couloir
la stanza : la pièce

la cucina : la cuisine
la sala da pranzo : la salle à manger
il salotto : le salon

S'accomodi, prego ! – Asseyez-vous, je vous en prie !

la camera da letto : la chambre à coucher
lo studio : le bureau
il bagno : la salle de bains

la toilette : les toilettes
andare alla toilette : aller aux toilettes

Può indicarmi la toilette, per cortesia ? – Pouvez-vous m'indiquer les toilettes, s'il vous plaît ?

Nel *salotto* : au salon

l'arredamento : l'ameublement
il mobile : le meuble
la sedia : la chaise
la poltrona : le fauteuil
la tavola : la table
il canapè : le canapé
il cuscino : le coussin
la tenda : le rideau
il tendone : le store
la biblioteca : la bibliothèque
il tappeto : le tapis
il quadro : le tableau

il vaso di fiori : le vase de fleurs
il mazzo di fiori : le bouquet de fleurs
la lampada : la lampe
la lampadina : l'ampoule
il portacenere : le cendrier
il computer : l'ordinateur
il videoregistratore : le magnétoscope
il televisore : la télévision

Che casa arredata bene ! – Comme cette maison est bien meublée !

LA MAISON

In camera : dans la chambre

il letto : le lit
il materasso : le matelas
il lenzuolo, le lenzuola : le drap, les draps
la coperta : la couverture
il copriletto : le couvre-lit
il guanciale : l'oreiller
l'armadio : l'armoire
lo specchio : la glace
l'attaccapanni : le portemanteau
il comò : la commode
il comodino : la table de nuit
il cassetto : le tiroir

La cucina attrezzata : la cuisine aménagée

il vasellame : la vaisselle
la pentola : la casserole
la padella : la poêle
la macchina del caffè : la cafetière
il tostapane : le grille-pain
il bollitore : la bouilloire
il piano di lavoro : le plan de travail
la lavatrice : le lave-linge
la lavastoviglie : le lave-vaisselle
l'acquaio : l'évier
il rubinetto : le robinet
il frigorifero : le réfrigérateur
il congelatore : le congélateur
il fornello a gas, il fornello elettrico : la cuisinière à gaz, la cuisinière électrique
le piastre in vitroceramica : les plaques en vitrocéramique
il forno a microonde : le four à micro-ondes
il ferro da stiro : le fer à repasser
l'asse da stiro : la planche à repasser
l'aspirapolvere a traino : l'aspirateur-traîneau

La cucina ha tutte le comodità. – La cuisine est tout confort.
fare il bucato : faire la lessive
lavare i piatti : faire la vaisselle

La città
La ville

L'abitato : l'agglomération

il villaggio : le village
il borgo : le bourg
la città : la ville
la capitale : la capitale
la megalopoli : la mégapole
il centro : le centre-ville
il quartiere : le quartier
la periferia : la banlieue
le mura : les remparts
il viale : l'avenue
il corso : le boulevard
la strada : la route
la via : la rue
la via pedonale : la rue piétonne
il vicolo cieco : l'impasse
il lungo Tevere : le quai du Tibre
il lungarno : le quai de l'Arno
la passeggiata : la promenade
il lastricato : la chaussée
il parcheggio a pagamento : le parking payant
il parchimetro : le parcmètre
la piazza : la place
il giardino pubblico : le jardin public
le zone verdi : les espaces verts
la fontana : la fontaine

Gli edifici e la popolazione : les édifices et la population

il caseggiato : le pâté de maisons
il palazzo : le palais, l'immeuble, l'hôtel
il grattacielo : le gratte-ciel
il terreno lottizzato : le lotissement
l'appartamento ammobiliato : l'appartement meublé
la casa di riposo : la maison de retraite
l'ospedale : l'hôpital
il baraccopoli : le bidonville
la discarica : la décharge publique
la pattumiera : la poubelle
il municipio : la mairie
la posta : la poste
il palazzo di giustizia : le palais de justice
la questura : le commissariat
la prigione : la prison
la chiesa : l'église
il campanile : le clocher
il duomo : la cathédrale
il teatro : le théâtre
il museo : le musée
l'università : l'université
la biblioteca : la bibliothèque
il monumento : le monument
i grandi magazzini : les grands magasins
il centro commerciale : le centre commercial

le botteghe : les boutiques
il cittadino : le citadin
il vicino : le voisin
il portinaio : le concierge
lo straniero : l'étranger
il turista : le touriste
il passante : le passant

il sindaco : le maire
il vigile urbano : l'agent de police
il carabiniere : le gendarme
la polizia : la police
il vigile del fuoco : le pompier
l'autopompa : la voiture des pompiers

Ho preso una multa in Piazza Cavour. – J'ai eu une contravention place Cavour.
fare il pendolare : faire la navette
Ho smarrito la strada. – J'ai perdu mon chemin.
Vorrei recarmi in città. – Je voudrais me rendre en ville.
Tutte le strade conducono a Roma. – Toutes les routes mènent à Rome.

La famiglia
La famille

I legami di famiglia : les liens de famille

i genitori : les parents (père et mère)
la prole : la progéniture
i discendenti : les descendants
il padre : le père
il babbo : le papa
la madre : la mère
la mamma : la maman
il figlio : le fils
la figlia : la fille
i gemelli : les jumeaux
il fratello : le frère
la sorella : la sœur
il primogenito : l'aîné
il secondogenito : le cadet
il nonno : le grand-père

la nonna : la grand-mère
il nipotino : le petit-fils
la nipotina : la petite-fille
il bisnonno : l'arrière-grand-père
il parente : le parent
lo zio : l'oncle
la zia : la tante
il nipote : le neveu
il cugino : le cousin
i cugini carnali : les cousins germains
il suocero : le beau-père
il genero : le gendre
la nuora : la belle-fille
il cognato : le beau-frère

en cas de remariage :
il patrigno : le beau-père

la matrigna : la belle-mère
il figliastro : le beau-fils

l'orfano : l'orphelin
il figlio adottivo : le fils adoptif
la ragazza madre : la fille-mère

la zitella : la vieille fille
lo scapolo : le vieux garçon
il vedovo : le veuf

---

il nonno materno : le grand-père maternel
il capofamiglia : le chef de famille
la padrona di casa : la maîtresse de maison
l'albero genealogico : l'arbre généalogique
avere familiari a carico : avoir de la famille à charge

La nascita : la naissance

la gravidanza : la grossesse

il parto : l'accouchement

l'aborto : l'avortement
il bambino : l'enfant
il battesimo : le baptême

la culla : le berceau
la carrozzina : le landau

Il matrimonio : le mariage

l'innamorato : l'amoureux
il fidanzato : le fiancé
gli sposi novelli : les jeunes mariés
lo sposo : le marié, l'époux
la sposa : la mariée, l'épouse

il corredo : la dot
i testimoni : les témoins
i concubini : les concubins
l'adultero : l'adultère
il divorzio : le divorce

> *sposarsi in chiesa* : se marier à l'église
> *l'anniversario di matrimonio* : l'anniversaire de mariage
> *le nozze d'oro* : les noces d'or
> *tradire suo marito* : tromper son mari
> *la pensione alimentare* : la pension alimentaire

il cognome : le nom de famille
il nome : le prénom

La morte : la mort

il defunto : le défunt
il lutto : le deuil

> *il moi povero nonno* : feu mon grand-père
> *Le faccio tutte le mie condoglianze.* – Je vous fais toutes mes condoléances.

Gli studi
Les études

Il sistema educativo : le système éducatif

la scuola : l'école
l'asilo : la maternelle
la scuola elementare : l'école primaire
la scuola media : le collège
il liceo classico, scientifico : le lycée (littéraire, scientifique)
l'università : l'université
la facoltà : la faculté
privato >< *statale* : privé >< public

In aula : dans la classe

il banco di scuola : le banc d'école
la lavagna : le tableau noir
il gesso : la craie
lo zaino : le sac
il libro : le livre
il quaderno : le cahier
il foglio di carta : la feuille de papier
il diario : le cahier de textes
la bustina : la trousse
l'allievo : l'élève
lo studente : l'étudiant
il maestro : le maître
la spugna : l'éponge
la mensa : le réfectoire
la biblioteca : la bibliothèque
la penna : le stylo
la stilografica : le stylo-plume
la matita : le crayon
la riga : la règle
la calcolatrice : la calculette
il professore : le professeur
il professore privato : le professeur particulier

Le materie : les matières

la materia obbligatoria >< *facoltativa* : la matière obligatoire >< facultative
la letteratura : la littérature
il francese : le français
la grammatica : la grammaire
la filosofia : la philosophie
la storia : l'histoire
la geografia : la géographie
le lingue : les langues vivantes
la matematica : les mathématiques
l'informatica : l'informatique
le scienze : les sciences
la fisica : la physique
la biologia : la biologie
la chimica : la chimie
l'economia : l'économie
l'arte : le dessin

LES ÉTUDES

la musica : la musique

Studiare : étudier

la lezione : le cours
l'insegnamento delle lingue :
   l'enseignement des langues
il compito : le contrôle, le devoir
l'esame : l'examen

la ginnastica : la gymnastique

la licenza : la licence
la laurea : le diplôme universitaire
il diploma : le diplôme
il concorso : le concours

andare a scuola : aller à l'école
Questa mattina ho 2 ore di lezione. – Ce matin, j'ai 2 heures de cours.
Il professore spiega bene. – Le professeur explique bien.
l'orario : l'emploi du temps
la borsa di studio : la bourse d'étude
imparare a memoria : apprendre par cœur
ripassare le lezioni : revoir ses leçons
sapere la lezione : savoir sa leçon
avere un compito in classe di chimica : avoir un contrôle de chimie
un bel voto in matematica : une bonne note en maths
un brutto voto, un votaccio : une mauvaise, très mauvaise note
la menzione buono, ottimo : la mention bien, très bien
È bravo a scuola. – C'est un bon élève.
un pigrone, uno zuccone : un gros paresseux, un cancre
Mi basta la media. – La moyenne me suffit.
Zitto ! – Silence !
subire un esame : passer un examen
cannare l'esame : sécher à l'examen
promosso : reçu
bocciato : recalé
ripetere : redoubler
saltare una classe : sauter une classe

I sentimenti e l'intelletto
Les sentiments et l'intelligence

I sentimenti : les sentiments

provare, sentire : ressentir
la sensibilità : la sensibilité
il cuore : le cœur
l'emozione : l'émotion
l'umore : l'humeur

il carattere : le caractère
sensibile, commosso : sensible, ému
ottimista ✕ *pessimista* : optimiste ✕ pessimiste

> *Non mi importa.* – Ça m'est égal.

La simpatia : la sympathie

la gentilezza : la gentillesse
la dolcezza : la douceur
l'affetto : l'affection

l'amicizia : l'amitié
l'amore : l'amour

> *Mi manchi, vorrei stringerti forte.* – Tu me manques, je voudrais te serrer dans mes bras.
> *Ti voglio bene, ti amo.* – Je t'aime.

la speranza : l'espoir
la fiducia : la confiance
la serenità : la sérénité
il sollievo : le soulagement

il piacere : le plaisir
la gioia : la joie
l'entusiasmo : l'enthousiasme
la felicità : le bonheur

L'antipatia : l'antipathie

la cattiveria : la méchanceté
l'avversione : l'aversion
l'amarezza : l'amertume
l'inimicizia : l'inimitié
l'odio : la haine
la disperazione : le désespoir
la diffidenza : la méfiance

la gelosia : la jalousie
l'inquietudine : l'inquiétude
lo strazio : le déchirement
il dispiacere : le chagrin
il dolore : la douleur
l'afflizione : l'affliction
la tristezza : la tristesse

Sono depresso, afflitto, melanconico. – Je suis déprimé, affligé, mélancolique.
Sono d'umore nero. – Je suis d'une humeur de chien.
La situazione è stressante. – La situation est stressante.

La violenza : la violence

la paura : la peur
l'orrore : l'horreur

lo spavento : l'épouvante
il disprezzo : le mépris

dare ai nervi : taper sur les nerfs
morir dalla noia : mourir d'ennui
Mi viene da ridere, da piangere. – Ça me fait rire, pleurer.
Che disgrazia ! – Quel malheur !
Ne ho fin sopra i capelli ! – J'en ai marre !
Stia calmo. – Restez calme.

arrabiarsi : se fâcher
insultare : insulter

serbare rancore : garder rancune
vendicarsi : se venger

L'intelletto : l'intelligence

la mente : l'esprit
la ragione : la raison
la logica : la logique
il giudizio : le jugement
il buonsenso : le bon sens
la coscienza : la conscience
la memoria : la mémoire
l'immaginazione : l'imagination
il pensiero : la pensée
l'idea : l'idée
il concetto : le concept
l'opinione : l'opinion
l'intuito : l'intuition
il genio : le génie
il dono : le don

il talento : le talent
l'istinto : l'instinct
un intellettuale : un intellectuel
un discorso ragionevole : un discours raisonnable
una intelligenza vivace : une intelligence vive
intelligente : intelligent
furbo : astucieux, rusé
pensare : penser
meditare : méditer
capire : comprendre
sapere : savoir
credere : croire
scegliere : choisir

ricordarsi una cosa : se rappeler une chose
valutare il pro e il contro : peser le pour et le contre
cambiar idea : changer d'idée
avere la mente altrove : avoir l'esprit ailleurs
Sta attento ! Concentrati ! – Fais attention ! Concentre-toi !
Se ne intende di musica. – Il s'y connaît en musique.
Le grandi menti si incontrano ! – Les grands esprits se rencontrent !
Conosci te stesso. – Connais-toi toi-même.
Non ci capisco niente ! – Je n'y comprends rien !

La redazione, la corrispondenza
La rédaction, la correspondance

Scrivere : écrire
comporre : composer
raccontare : raconter
descrivere : décrire
esporre : exposer
sviluppare un argomento : développer un argument
notare : noter
prendere appunti : prendre des notes
riassumere : résumer

Discutere : discuter
commentare : commenter
analizzare : analyser
spiegare : expliquer
fare riferimento : faire référence
sottolineare : souligner
mettere in rilievo : mettre en relief
insistere : insister
essere d'accordo : être d'accord
giustificare : justifier
pretendere : prétendre
rispondere : répondre
criticare : critiquer
ribattere : répliquer, réfuter
correggere : corriger
ritoccare : retoucher

Il discorso : le discours
il tema : le sujet
la rassegna, la recensione : le compte rendu
il verbale di riunione : le compte rendu de réunion
il discorso inaugurale : le discours d'inauguration
il riassunto : le résumé
l'aneddoto : l'anecdote
l'allusione : l'allusion
l'idea : l'idée
l'argomento : l'argument
il ragionamento : le raisonnement
il fatto : le fait
l'inizio : le début
la storia : l'histoire
il finale : le dénouement
la conclusione : la conclusion
la morale : la morale
l'eloquenza : l'éloquence

Formule usuali : formules usuelles
secondo me, il mio modo di vedere : selon moi, dans mon esprit
per cominciare, per concludere : pour commencer, pour conclure

dapprima, poi, infine : d'abord, ensuite, enfin
a prima vista : à première vue
però : pourtant
tuttavia : cependant
malgrado ciò : malgré cela
al contrario : au contraire
invece : en revanche

siccome : comme, étant donné
per questo : c'est pourquoi
perché : parce que
affinché : afin que
dunque : donc
di conseguenza : par conséquent
in fin dei conti : en fin de compte

La lettera : la lettre

la lettera privata, commerciale : la lettre privée, commerciale
la pagina : la page
il foglio : la feuille
il margine : la marge
il paragrafo : le paragraphe
la penna : le stylo
la busta : l'enveloppe
il francobollo : le timbre

la testata : l'en-tête
il destinatario : le destinataire
l'indirizzo : l'adresse
la data : la date
l'oggetto : l'objet
la formula di chiusa : la formule de fin
la firma : la signature

Caro, Carissimo amico : Mon cher, Mon très cher ami

La corrispondenza commerciale : la correspondance commerciale

Egr. Sig. Arpini (Egregio Signore Arpini) : Monsieur Arpini
Gent.ma Sig.ra Martini : Madame Martini
Gent.ma Sig.rina Dalessi (Gentilissima Signorina) : Mademoiselle Dalessi
Chiar. Prof. Carli (Chiarissimo Professor Carli) : Monsieur Carli, professeur
In seguito alla vostra lettera del 26 giugno u.s. – Suite à votre courrier du 26 juin dernier.
Abbiamo il piacere, siamo lieti di inviarVi la documentazione richiesta. – Nous avons le plaisir, nous sommes heureux de vous faire parvenir la documentation demandée.
Siamo in grado di concederVi uno sconto del 5 %. – Nous sommes en mesure de vous accorder une remise de 5 %.
spese a carico del destinatario : frais à la charge du destinataire
Pregasi compilare il formulario allegato. – Prière de remplir le formulaire joint.
aspettare la lettera di conferma : attendre la lettre de confirmation
distinti saluti : sentiments distingués
Voglia gradire i miei migliori saluti. – Veuillez croire, Monsieur (ou Madame), à l'expression de mes meilleurs sentiments.
La prego di gradire... – Je vous prie d'agréer...

Librio

901

Composition PCA – 44400 Rezé
Achevé d'imprimer en France par Aubin
en janvier 2009 pour le compte de E.J.L.
87, quai Panhard-et-Levassor, 75013 Paris
Dépôt légal janvier 2009
EAN 9782290013229

Diffusion France et étranger : Flammarion